Walter Landin

Wu bitte is die Speisekart?

Pälzer Saund vun dehääm un unnerwegs

WALTER LANDIN

52-iger Jahrgang, Pfälzer, Dirmsteiner, Mannheimer (seit 1974), Realschullehrer, VS-Mitglied, Schreiber.

1984 erster Preis beim Mannheimer Kurzgeschichten-Wettbewerb,
1985 „Wenn erst Gras wächst", Erzählungen, Pfälzische Verlagsanstalt, Landau,
1988 „Dorfluft", Erzählung, Pfälzische Verlagsanstalt, Landau,
1990 Förderpreis Literatur des Bezirksverbandes Pfalz,
1993 „Kennscht du detscht du", Pälzer Saund, cjm Verlag, Speyer,
1994 und 1998 Lyrikpreis beim Mundartwettbewerb des Arbeitskreises Heimatpflege Nordbaden,
1997 Hauptpreis beim Literaturwettbewerb „Fabrik", ausgeschrieben vom Literarischen Verein der Pfalz und der Gemeinde Hauenstein,
1998 „Baumers Fall", Kriminalerzählung, Klaus Bielefeld Verlag, Friedland,
1999 „das Gras die Stille der Mohn", Gedichte, Klaus Bielefeld Verlag, Friedland,
2001 Uraufführung der szenischen Folge „Von Hurenmenschen, Polacken, Volksgenossen" am 27. Januar 2001 im Rahmen des Holocaust-Gedenktages der Stadt Mannheim,
2001 „Fichtners Erbe" – Kurpfalzkrimi von 23 Autorinnen und Autoren der Region, C&C Verlag Schifferstadt,
2003 Zweiter Preisträger beim Agatha-Christie-Krimipreis, ausgeschrieben von Amica und vom Scherz Verlag (Anthologie „Letzte Worte", Scherz Verlag),
2003 „Das Kalte Herz", neu erzählt nach Wilhelm Hauff, mit der Musik von Kaikai, erschienen als Hörbuch [plus], Vineta-Musikverlag, Mannheim.

Heiko Prodlik Olbich

1948 in Göttingen geboren, lebt in Springe bei Hannover, arbeitet als Maler, Grafiker und Bildhauer, zahlreiche Ausstellungen und Buchillustrationen.

Walter Landin

Wu bitte is die Speisekart?

Pälzer Saund
vun dehääm un unnerwegs

cjm
Verlag

Impressum

„Wu bitte is die Speisekart –
Pälzer Saund vun dehääm un unnerwegs“
ist erschienen im cjm Verlag, Altenhofstraße 42,
67105 Schifferstadt/Pfalz
Telefon: 0 62 35/9 85 96, Telefax: 0 62 35/8 24 93

Autor: Walter Landin, landin.de, info@landin.de

Redaktion: Claus Jürgen Müller

Titelillustration: Heiko Prodlik-Olbrich, prodlik-olbrich.de
Titelgestaltung: Heiko Prodlik-Olbrich

Satz und Layout: am-productions GmbH
In den Weinäckern 12
69168 Wiesloch
Telefon: 0 62 22/9 35 63
Telefax: 0 62 22/93 56 40
E-Mail: info@am-p.de

Druck: M. K. Offsetdruck + Verlags GmbH
Industriestraße 6
74927 Eschelbronn
Telefon: 0 62 26/43 68
Telefax: 0 62 26/4 20 54
E-Mail: kaya@mk-offsetdruck.de

1. Auflage Juni 2005

ISBN: 3-938072-03-2

Müllers kleine Reihe, Band 7

Über den „Pälzer Saund"

Geboren und aufgewachsen in Dirmstein. Seit mehr als 30 Jahren in Mannheim lebend. In meinem „Pälzer Saund" schlägt sich beides nieder. Dirmstein und Mannheim vermischen sich, gehen eine Symbiose ein. Hieß es in dem Gedichtbändchen „Kennscht du detscht du" noch durchgängig „mer hen", wenn „wir haben" gemeint war, hat sich jetzt das Mannheimer „mer hawwe" durchgesetzt. Einfach, weil es in meinen Ohren inzwischen vertrauter klingt. Und wenn ich in die Mundart verfalle, dann gebrauche ich inzwischen automatisch dieses „mer hawwe".

Sprache verändert sich, im Kleinen und im Großen. Übte vor 200 Jahren das Französische einen großen Einfluss auf unseren Sprachraum aus, ist heute der Einfluss des Englischen vorherrschend. Sprache verändert sich, im Großen und im Kleinen. Oder, um mit meiner Mutter zu sprechen: „Frieher hot mer moie gsaat, heit sage mer aach morge." Sprache verändert sich.

Oft rief ich in den letzten Wochen, als ich an der Überarbeitung der Texte saß, meine Mutter an. Wie heißt es, war die immer wiederkehrende Frage. Für sehr, sagen wir da arg oder arisch. Die Antwort meiner Mutter hörte sich oft philosophisch an: „Ich sag eher arg, awwer frieher hot mer arisch benutzt."

Die Tante, die das Gespräch mithört, ruft aus dem Hintergrund, „arisch" sei pfälzischer. Ich frage, wie denn die Kinder in Dirmstein reden. „Die Kinner?", antwortet meine Mutter, „die rede doch all nimmi pälzisch." Ich bezweifle die uneingeschränkte Gültigkeit dieser Aussage, ganz von der Hand zu weisen ist sie jedoch nicht. Ist das Gespräch zwischen den Generationen nicht schon längst verdrängt worden durch die vielfältigen Ablenkungen der neuen Medien?

Beim Arg-Arisch-Problem jedenfalls entscheide ich mich für arg.

Und erst die Schreibweisen! In ein und demselben Text benutze ich „Kobb“ und wenige Zeilen weiter „Kopp“. Oder „zwää“ und „zwee“. „Schun“ und „schunn“. „Verriggt“„ und „verrickt“. Welche Schreibung soll ich verwenden? Einheitlich muss es sein, das auf jeden Fall. Und der Text soll gut lesbar sein, auch für einen des Pfälzischen nicht so kundigen Leser. Also muss ich Ungenauigkeiten in Kauf nehmen, Kompromisse eingehen, einfach um die Lesbarkeit zu erleichtern. Also doch lieber „Auto“ anstelle von „Audo“. Und wenn ich gar nicht mehr weiter weiß, und das ist oft der Fall in diesen Wochen, greife ich zum Telefonhörer. Meine persönliche Hotline ist immer für mich da, auch wenn ich manchmal nach dem Gespräch mit meiner Mutter genauso klug wie vorher bin.
„Frieher hot mer so gsaat, heit sagt mer so.“
Oder anders ausgedrückt: Sprache verändert sich.
Zum Glück.

Genug der Vorrede! Vorhang auf für den „Pälzer Saund“, der auch „Mannemer Saund“ geworden ist. Sprache verändert sich eben.

Die erscht Fahrstunn

Wie die Zeit vergeht! Unser Dochder, grad noch e klää Bobbelsche mit Speckring an de Ärm, geschdern die erscht Fahrstunn.
Ufgeregt isse, die ganz letscht Woch. Ehrn Bruder macht se verrickt, rechts die Brems, links des Gas fer vorwärts, in de Midde des Rickwärtsgas. Ganz dorchenanner hot er se gemacht. Am liebschde het se jo mit unserm Auto e bissel prowiert, awwer des is zum Glick in de Werkstatt.

Am Dienschdag um halwer drei isses soweit. Beim Middagesse bringt se kaum en Bisse nunner, Gas rechts, Kupplung links, Brems in de Midde, rischdisch?
De Fahrlehrer wollt se an de Hausdeer abhole.
Um zeh vor halwer ruft unser Dochder:
„Tschiss, ich wart drauße."

Korz nooch halwer klingelt de Fahrlehrer an de Deer.
Ich guck ganz perplex.
„Wu unser Dochder is?"
Ich geh zur Kreizung vor, kä Dochder ze sehe. De Fahrlehrer ruft bei sich dehääm aa, Fehlaazeig. Unsern Sohn is noch dezukumme. Der hot beim selwe Fahrlehrer soin Fiehrerschoi gemacht. Die hawwe noch e paar Minudde gequatscht. Um Vertel vor drei hot sich de Fahrlehrer verabschied.
Ich hab mer vielleicht Sorge gemacht. Wu is unser Dochder? Hot se so e riesischi Angscht vor derre erscht Fahrstunn ghabt, dasse sich im Feld versteggelt hot?
Ufgeregt isse gewesst, awwer so schlimm?
Moin Middagsschloof is an dem Dag ausgfalle.

Um halwer viere geht die Deer uf, unser Dochder steht im Flur un lacht.
„Sag emol, was sinnen des fer Fissimadende?"

„Fissimadende? Ich hab moi erschdi Fahrstunn gemacht."
„Doi erschdi Fahrstunn? Des kann jo wohl net soi. Doin Fahrlehrer hot geklingelt un ewisch uf dich gewart, awwer wer is net kumme? Du!"
Langsam hot sich unser Dochder beruhischt, des Lache is wennischer worre un sie hot verzehlt.

„Ich wart unne an de Eck. Punkt halwer drei kummt e Fahrschulauto und halt aa. De Fahrlehrer macht die Autodeer uf, ich kenn den net, en elderer Mann, denk mer awwer nix debei. De Herr Junker hot gsaat, es kennt aach en annerer Fahrlehrer kumme. De uubekannt Fahrlehrer erklert mer alles, ich kuppel oi, erschder Gang, zwetter Gang, dritter Gang. Uf de Feidemer Landstrooß denk ich noch, is des Auto awwer langsam. Uffem Tachometer schwankt de Zeiger laufend zwische zee un drei.
‚Langsam, langsam, junges Fräulein, hier sind sechzig erlaubt, wir fahren gerade neunzig', määnt de Fahrlehrer.
Uffem Fahrschuliwungsplatz am Maimarkt hab ich oigeparkt, vorwärts und rickwärts. Vorwerts geht jo, awwer rickwerts. Do hab ich die Kischt abgewirgt. Nooch äänere Vertelstunn klingelt des Handy vunnem Fahrlehrer.
‚Fahrschule Ehrenkamp.'
Ehrenkamp, denk ich fer mich, des kann doch net soi.
‚Wie bitte', hot de Fahrlehrer ins Telefon gerufe.
‚Das gibt es doch nicht.'
Widend isser gewesst.
‚Bist du nicht Altmeier?'
‚Altmeier, nee, des sin unser Nochber.'
De Julian, der Bu vun denne, is so alt wie ich.
‚Bin ich denn verrückt? Kutschiere die Fahrschüler anderer Fahrschulen durch die Stadt.'
En korze Moment hot er sich rischdisch bees aagheert, awwer der Moment is glei rumgange.

‚Üben wir das Rückwärtseinparken noch einmal.'
Dann simmer zerickgfahre un de Fahrlehrer vun de Fahrschule Ehrenkamp hot die Fahrschielerin vun de Fahrschul Junker an de Hausdeer abgsetzt. Des is moi erschdi Fahrstunn gewesst."
Un unser Dochder hot widder lache misse.

Weltempfänger, digidal

Am liebschde les ich de Sportdääl vun de Zeidung. Nur am Dunnerschdag studier ich die Aazeigeseit vum Didl. Die verkaafe hauptsächlich Lewwensmiddel, awwer am Dunnerschdag gebt's immer aa annere Sache. Un an dem Dunnerschdag, vun dem ich grad verzehl, is mer die Aazeig mit dem Weltempfänger direkt ins Aag gsprunge.

„Digitaler 4-Band-Weltempfänger, 25 Sender frei programmierbar, Einschlafautomatik, Uhr mit 24-Stunden-LCD-Anzeige, Trageschlaufe mit integriertem Standhalter, Alarm mit Weckwiederholung, 24,95 Euro."

Trageschlauf mit integriertem Standhalter, des hot mer imponiert. Noochem Gschäft hab ich en klänne Umweg zum Didl in de Hauptstrooß in Feidene gemacht. Ich hab uf denne Wiehldisch rumgewiehlt. Nix vunnem Weltempfänger, digidal noch dezu. Ich froog e Verkaiferin, die schiddelt de Kopp. En Gettoblaschder will se mer aadrehe, e Sonderaagebot, en Kawenzmann middem CD-Player. Ich hab abgewunke, hab korz iwwerlegt, ob ich noochem Marktleiter verlange soll, ob ich dem die Aazeig vun heit Moien in de Zeidung unner die Nas reiwe sollt. Losses bleiwe, spar der doi Nerve uf, hab ich mer gsaat un freindlich „Uf Widdersehe" gewinscht. Deprimiert bin ich häämkumme.

„Was brauchschden du en digidale Weltempfänger?", hot mich moi Fraa gfroogt. Eigentlich hot se jo recht. Ich brauch so e Apparätsche net werklisch. Awwer des wollt ich in dem Moment net zugewwe. Un irgendwie het ich des Ding schunn gern ghabt.
„Also", sag ich, „stell der vor, mer sin in Urlaub. In Italie. In de Toskana odder im Piemont. Stell der vor, s is Samsdag. Un samsdags gebt's die Bundesliga. Was machschden dann uhne Weltempfänger?

Kannscht du mer des sage? Awwer wannde so en Weltempfänger hoscht, do kriegschde mit, dass de FCK gege die Schalker ääns null in Fiehrung geht, du zitterscht mit, un am End gewinnt doi Mannschaft drei ze null. Un du frääscht dich noch am Sunndag, un selbscht am Mondag bischde gut druff. Desdewesche brauchschde en Weltempfänger."
Moi Fraa hot nix mehr gsaat.

Die Nacht hab ich uuruhisch gschloofe, hab mich hie- un hergewälzt. Un ab halwer viere bin ich nimmi oigschloofe. An dem Moie hab ich viel Zeit fer de Sportdääl ghabt, weil ich so zeitisch ufgstanne bin. Awwer rischdisch konzentriere, des hot net geklappt. Ich bin viel ze frieh losgeradelt in die Ärwet, bin de erscht im Gschäft gewesst, hab mer glei die Nummere vun alle Didls in Mannem un Umgewung rausgsucht un hab net abwaarte kenne, bisses halwer zehne gewesst is. Endlich Paus! Die Aarufaktion hot losgehe kenne. Als erschdes wollt ich es noch emol beim Didl in Feidene versuche. Ich hab mer glei de Marktleiter gewwe losse, net dass ich widder an die Verkaiferin middem Gettoblaschder kumm.
„Tut mir Leid", hot de Marktleiter gemäänt, „vor fünf Minuten haben wir den letzten digitalen Weltempfänger verkauft, die gingen weg wie nichts, kein Wunder bei dem Preis."
Mer hot's die Sprooch verschlage. Wollt die Verkaiferin mer geschdern doch glatt weismache, dass es kän Weltempfänger gebt.

Iwwerall hab ich die gleich Auskunft gekriegt.
„Tut uns Leid, sind schon alle weg."
Beim Didl in de Neckarstadt, in Käfferdal, in Wallstadt, uffem Waldhof. Moi Stimmung is mit jedem Aaruf e bissel diefer in de Keller gerutscht. Dann endlich en Hoffnungsschimmer. De neie Didl im Nidderfeld.

„Einen Moment, ich muss kurz nachschauen", dann Funkstill, „jawohl, haben wir noch da, zurücklegen geht telefonisch leider nicht, aber es sind noch mehr als ein Dutzend Geräte auf Lager."
Ich het am liebschde en Luftsprung gemacht. Die Sekunde, die Minudde, die Stunne hab ich gezehlt, endlich Schluss, ab ufs Rad un los.

De Didl-Markt im Nidderfeld hab ich glei gfunne, de Weltempfänger aa. Schlecht ausgsehe hot er net, schää klää un handlich, so wie ich mer des vorgstellt hab, awwer irgendwie isser mer net so profimäßisch vorkumme. Je länger ich en aageguckt hab, desto billischer hot er ausgsehe. Kä Wunner, hab ich mer oigered, bei dem Preis. Un vielleicht gebt's jo noch im Kontra-Markt en viel dollere Weltempfänger, viel profihafter, net so plaschdikmäßisch. Ich zehl schnell noch die Weltempfänger, die uf dem Wiehldisch ligge, siwwene, nee achte, okay, des sin genug. Ich entschließ mich erscht emol zum Kontra-Markt ze radle un dort ze gucke.

Ehrlisch, im Kontra-Markt hot's dann echt Super-Geräte gewwe, edles Design, awwer die Preise, unner hunnerfuchzisch Euro is do nix geloffe, digidal. Un alles annere, des is nix gewesst, Sie wisse jo, die Geräte, wu mer an som Knopp drehe muss, e elendischi Fummelei, bis mer en Sender scharf hot, un nix mit programmierbare Stadionstaschde, jedi Station muscht jedes Mool vun Neiem oistelle, steinzeitmäßisch, net uffem Stand vun de Technik, mit ääm Wort: net digidal.

Fruschtriert bin ich hääm geradelt. Wie ich so dorch die Hauptstrooß in Feidene fahr, krieg ich noch en klänner Schock. Gegeiwwer vum Didl is noch ään Supermarkt, de Minus, un in den bin ich geschdern Owend noigedappt un hab nooch dem Weltempfänger gfroogt. Un die Verkaiferin wollt mer den Gettoblaschder ufschwätze. Un ich hab mich noch so gewunnert. Sie erinnern sich? Zum Glick hab ich mich net beschwert.

Moi Stimmung is uffem Diefpunkt, wie ich zu de Deer noikumm. Uffem Rad hot sich der Weltempfänger vum Didl, der mer erscht so billisch und so plaschdikmäßisch vorkumme is, radikal verwannelt. Den wollt ich hawwe, den un kän annerer. Ich stell des Fahrrad in de Schopp. Ich muss, wie jeden Dag, des Rad vun moiner Dochder wegrahme, des steht immer im Weg. Ich will glei middem Auto los zum Didl im Nidderfeld. Awwer des Auto steht net uf soim Platz.
„Des hot doin Sohn", sagt moi Fraa un guckt vun ehrm Buch hoch. Wann der zerickkumme dut, des hot se net gewisst. Halwer finfe, finfe, halwer sechse, sechse, es is uf die Siwwe zugange, endlich is unser Sohn ufgetaucht. Ich dorch de Feierowendverkehr, alle Ample sin rot, beim Didl is kän äänzische Parkplatz frei. Zwanzisch nooch siwwe dorchsuch ich de Wiehldisch, kän Weltempfänger.
„Vor fünf Minuten haben wir den letzten verkauft."
Halwer achte. Wu is de neggschde Didl? Uf de Rheinau, genau. Mit Vollgas die B38a entlang, vun wege Gschwindischkeitsbegrenzung, volle Kanne, nein Minudde vor achte bin ich endlich im Didl-Markt uf de Rheinau.
„Weltempfänger, digidal", mehr krieg ich net raus. Die Verkaiferin deit geradeaus. Ich spurt los. Ään äänzischer Weltempfänger in dem Regal. Ich hab moin Weltempfänger un bin de glicklischde Mensch in ganz Mannem. Ich kann's net glaawe, vor mer im Regal leit en Weltempfänger, digidal, finfezwanzisch Sender programmierbar, mit Oischloofautomatik un integriertem Standhalter. Un des alles fer läbbische 24,95 Euro. Un wie doll der aussieht, rischdisch professionell, spitzemäßisch, Klasse, Super! Ich schnapp mer de letschde digidale Weltempfänger vum Didl-Markt uf de Rheinau, pees an die Kass, ää Minut vor acht, die Kassiererin

guckt schunn ganz bees, schnell noch vier Batterie. Wie ich zum Auto geh, ach was, schweb, drick ich den Weltempfänger ganz fescht an mich. An jedere Ampel, wu ich halte muss, frää ich mich, weil ich moin Weltempfänger korz sträächle kann, vun mer aus kennt die Fahrt ewisch dauere, mit uuendlich viele Ample. Un all sin se uf rot. Peifend kumm ich dehääm aa.

Beim Auspacke hab ich die Schachtel uuzählische Moole dorchsucht, uf de Kopp gstellt, umgestilpt, immer widder noigegriffe. Fehlaazeig, kä Bedienungsaaleitung. Soll ich moie frieh noch emol hiefahre? Awwer moin Weltempfänger is de letschde gewesst. Zerickgewwe? Kummt net in Froog. Moin Weltempfänger, digidal, den geb ich nimmi her. Wann kä Bedienungsaaleitung debei is, dann musses halt uhne gehe. Nooch viele Versuche, trial and error, Sie kenne des, geht's aa werklisch. Die Uhrzeit oistelle, des hot mer am meischde Probleme bereit. Awwer jetzt funktioniert alles. Jetzt musses nur noch Summer werre. Mer fahre in Urlaub, Italie, Toskana, Samsdagnoochmiddag, Bundesliga, un de FCK gewinnt drei ze null gege Schalke. Un ich bin debei. Live un digidal. Mit moim Weltempfänger.

De Tankdeggel

Tanke is kinnerleicht. Des sagt sich so äfach. Machscht de Tankdeggel uf, loscht de Sprit noilaafe, bezahlscht an de Kass mit doine Eurocard. Werklisch äfach. Werklisch? De Tankdeggel, wu issen der iwwerhaubt? Manchmool is der ganz schää versteggelt. Un wannden endlich gfunne hoscht, wie geht er uf?
S gebt zwee Prinzipie. Bei unserem Auto werd de Tankdeggel middem Zindschlissel äfach ufgschlosse. Des kann mer sich merke. Des macht kä Probleme, wammer de Schlissel zur Hand hot. Awwer dann gebt's Autos, do muss mer uffen Knopp drigge odder mer muss annem Hewwel ziehe. Dann schnappt de Tankdeggel uf, mechanisch odder elektronisch gsteiert. Awwer wu is der Knopp, uf den mer drigge muss? Un wu is der Hewwel, den mer rausziehe muss? Do hoschde endlich de Tankdeggel gfunne, jetzt wääscht net, wie er ufgeht.

Die Elfriede kann dodevun was verzehle. Die Elfriede is die Schweschder vun moine Fraa, also moi Schwäscherin. Die Elfriede wohnt in Curitiba. Falls jemand net wisse sollt, wu des is: Curitiba leit in Brasilie. Was die Elfriede in Brasilie macht? De Frank, de Mann vun de Elfriede, unseren Schwooger, schafft bei Audi. In de Wischt in Brasilie werd e Autofawrik ufgebaut.
Annem schääne Dag hot die Elfriede e neies Auto kriggt. Sie hot sich gfräät iwwer den Golf GLX, direkt aus Mexiko importiert. Sie is glei losgfahre, äfach so dorch die Gegend kutschiert. Un wie se e Weil gfahre is, denkt se, ich kennt jo mol tanke. Un do kummt grad, wie de Zufall so will, e Tankstell. In Brasilie, des muss ich dezusage, isses middem Tanke e bissel annerscht wie bei uns. Nix mit Selbschtbedienung. In Brasilie is de Kunde noch Könisch. Do werd mer freindlich bedient. Do kummt glei en Tankwart, verschmeert de Dreck uf de Windschutzscheib un losst des Benzin noilaafe.

Awwer de Tankwart vun de Elfriede hot de Tankdeggel net ufgekriggt. Die Elfriede aa net. Die hawwe alle Knepp gedriggt, an alle Hewwel gezoge, alles uhne Erfolg. De Tankwart is clever un holt soin Chef. De Chef vun derre Tankstell bringt glei noch zwee Mann mit. Ze vert hawwe se palavert, sin um des Auto rummarschiert, hawwen alles, werklisch alles, ausprowiert. Ääner is sogar in de Kofferraum gekrawwelt. De Tankdeggel is dodevun net ufgange. Die Elfriede hot in de Bedienungsaaleitung noochgeguckt, awwer do hot nix dringstanne, wie mer de Tankdeggel ufmacht. Dann hot se de Frank im Gschäft aagerufe. Der hot aa net weitergewisst. So e Ferndiagnos, des wääß jeder, der sich nur e bissel auskennt, is net so äfach.
De Chef vun de Tankstell hot irgendwann en gude Oifall ghabt. Er hot bei derre Firma aagerufe, die wu den Golf aus Mexiko importiert hot. Des Gspräch hot lang gedauert, awwer die vun de Firma hawwe gewisst, wie mer de Tankdeggel ufkriggt.

Un des is die Lesung vun dem Rätsel middem Tankdeggel, gut ufgebasst: Also, mer muss zeerscht des Auto zuschließe, dann widder ufschließe, widder zuschließe un noch emol ufschließe. Un beim zwette Ufschließe klappt de Tankdeggel wie bei em Zauwertrick uf.
So geht des also, hawwe all genickt. Total äfach. Warum simmer bloß net selwer drufkumme. So was vun äfach. De Tankwart hot getankt un noch emol die Scheib boliert. Die Elfriede is widder e bissel schlauer gewesst.Un fer alle, die des noch net ganz kapiert hawwe, wie des middem Tankdeggel geht, des Ganze nochmol ganz langsam, quasi zum Mitschreiwe, falls irgendjemand mol mit so ääm Golf GLX, direkt aus Mexiko importiert, tanke muss: erscht zuschließe, dann ufschließe. Odder annerscht rum? Erscht ufschließe und dann zuschließe? Jetzt wääß ich's selwer nimmi.

Hinkel

Dass do kän falscher Oidruck ensteht, ich hab nix gege Hinkel. Wann mer Platz hot. Wann se artgerecht ghalte werre. Wann zwische denne Hinkel un mer en hoher Zaun is. Dann hab ich, wie gsaat, nix gege Hinkel.

Vor Veggel un allem mit so Feddere hab ich e rischdischi Fobie. Als Kind hab ich den Film vum Hitchcock mit denne viele Veggel gsehe. Vielleicht kummt die Fobie dodevun. Was e Fobie is? Wie soll ich des erklere? Fobie hot was mit Angscht zu due, awwer viel sterker, e Angscht, die sich dief drin bräät macht, so e Art Urangscht.

Dehääm als klänner Bu hawwe mer immer Hinkel ghabt. Moi Oma hot se mich fiedere losse, awwer im Hinkelhof drin hab ich immer e mulmisches Gfiehl ghabt. Do is des speter schunn besser gewesst, des middem Luftgewehr. Mein Vadder hot immer die Spatze abgeknallt. Weil ich die klänne Spatze net treff, schieß ich vum Dachfenschder runner middem Luftgewehr immer genau in de Wasserhawwe im Hinkelhof. Die Viecher verschrecken un gackern wie bleed.

Ää Mool is e Uuglick bassiert. Grad in dem Moment, wu ich abdrick, steckt so e Hinkel soin Schnawwel ins Wasser. Volltreffer. En glatter Halsdorchschuss. Des Hinkel kippt uf die Seit, schlagt mit ääm Fliggel wild in die Luft, dass es sich immer im Kräs rumdreht. Zum Glick is moi Mudder net dehääm.
Ich zu de Oma un alles gebeicht. Die Oma sagt, s wer net schlimm, packt des Hinkel und bevor ich weggucke kann, is de Kopp abghackt. Des Hinkel schlagt noch e paar Sekunne midde Fliggel, dann isses dod.

Moi Mudder wunnert sich, dass die Oma midde in de Woch e Hinkel schlacht, noch dezu ääns, des gut legge dut. Un en Feierdag is in derre Woch aach net gewesst. „Dann gebt's halt moie Hinkel", sagt moi Mudder.
Un die Oma hot mich net verroote.
Moi Mudder wunnert sich noch e zwettes Mool, nämlich dann, wu des Hinkel uf de Disch kummt.
Ich riehr kän Bisse vun dem Hinkel aa.

Ich hoff, des klingt iwwerzeigend, wann ich sag, dass ich nix, iwwerhaupt nix, gege Hinkel hab.

Letschdi Woch hot moi Fraa owends unner de Pergola bei em gude Glas Woi gsaat, zu ehrm Gebortsdag det se sich zwee Hinkel winsche. Ich hab zeerscht gar net rischdisch zugheert un genickt, „jo, jo, ich aach", dann hab ich gedenkt, die sagt des so, wie se sagt, „ich het gern en Windergaade", un mer wisse doch, mer hawwe kä Geld fer en Windergaade. Also hab ich weiter genickt, „ich het aach gern Hinkel. Un vun mir aus en Goggel dezu."

Awwer de ganz Owend is des mit denne Hinkel weitergange. Wie beruhischend des wer, wann die Hinkel im Dreck scherren, un erscht des Doogdogdog, äfach himmlisch. Wie se sich des winsche det. E schänneres Gschenk kennt se sich net vorstelle. Zeerscht hab ich mich zammegenumme, hab versucht ruhisch ze bleiwe, hab versucht ze argumentiere.
„Ich hab jo nix gege Hinkel, awwer unsern Gaade, unser Grundstick, alles viel ze kläă, wuhie middem Hinkelhof, wuhie middem Hinkelstall, mer hawwe doch kän Platz."
Do hot moi Fraa doch glatt gemäänt, wieso Hinkelhof, mer kennte die Hinkel doch frei rumlaafe losse im Gaade un im Hof.
„Un im Schopp mache mer en Oistieg vum Gaade aus, do kenne die Hinke nachts schloofe."

Unsern Schopp, des muss mer wisse, is winzisch. Wann ich an de Werkbank was schaffe will, muss ich erscht unser vier Fahrräder wegrahme, dass ich Platz hab.
„Wie sollen iwwerischens unser Hinkel hääße?"
„Wie bitte?"
„Wie die hääße solle? Adelheid, was määnschden dodezu?"
Ich hab mich ufgeregt, bin lauder worre, hab moi Fraa gfroogt, wie sie sich des vorstellt, wann die Hinkel in unserm Gaade un im Hof frei rumlaafe, wie des do dann aussehe dut, ob des iwwerhaubt erlaubt is, Hinkel midde in de Stadt.
„Mer sin net in de Stadt, mer wohne in Feidene, des is derflich."
Un außerdem sollt ich mich net so aastelle.

Bei uns geht vum Esszimmer e Deer in de Gaade. Un im Summer steht die Deer immer uf. Ich hab jo nix gege Hinkel, awwer wann die Deer sperrangelweit ufsteht un wann die Hinkel frei rumlaafe, dann dabbe die doch aach ins Haus noi. Des klingt doch logisch. Un was des hääßt, des kann sich jeder selwer vorstelle Die Deer is uf, die Hinkel sin im Haus, uffem Leddersofa in de gut Stub, hinne in de Badwann odder im Kerbsche vun unserm Hund. Moi Fraa hot abgewunke. Die Hinkel dete schunn drauße bleiwe.
Ich hab gedenkt, ich bin im falsche Film.
Un ich hab moi letschdi Kart ausgespielt.
„Du kennscht moi Voggelfobie."
Ich hab e Paus gemacht, dass moi Werter e besseri Wirkung enfalte kenne.
„Un die Fobie gelt aach fer Hinkel."
Widder e klänni Paus.
„Nemm doch ää Mool e klää bissel Ricksicht uf mich. Ää Mool nur."
Un dann hab ich die Hinkel-Konsequenze ufgezeigt.
„Wann du uf denne Hinkel bestehscht, loss ich mich nimmi im Gaade unner de Pergola blicke. Wann ich mer

vorstell, ich hock do, trink gemietlich moin Woi un so e Hinkel pickt mer in de Zeh. Un, heer gut zu, die Deer zum Gaade bleibt zu, wann du uf denne Hinkel bestehscht."
Ich hab mer gedenkt, des sitzt, des trefft moi Fraa, weil unser Owende unner de Pergola, die sin was Besunneres. Vun wege.
„Wann du Angscht hoscht, dann werd's Zeit, dass du der mool Gedanke machscht. Am beschde du gehscht in e Therapie."
Vorm Oischloofe hab ich mich immer widder gefroogt, määnt moi Fraa des mit denne Hinkel ernschst odder dut se mich bloß ufziehe. Ich bin zu käm Ergebnis kumme.

De neggschde Owend am selwe Ort middem annere Woi des gleiche Thema. Was hot se gschwärmt, moi Fraa, vun Hinkel. An dem Owend isses schneller gange, bis mer de Krage geplatzt is. Ich hab se nimmi ze Wort kumme losse, hab vun Aafang aa e lauderi Tonart aagschlage.
„Unser Grundstick, e Schuhschachdel, kän Platz fer Spleen, ään Hund, drei Katze, en Teich mit Goldfisch."
„Ich det mich awwer frääe iwwer zwee Hinkel. Un Katze vertrage sich gut mit Hinkel. Un du, du bischt fanatisch."
Des hot gsotze. Määnt die des ernscht? Zieht se mich uf? Ich hab kän klare Gedanke mehr denke kenne.
„Du muscht dich enscheide: die Hinkel odder ich!"

„Die Angelika, die hot Freinde, die nemmen ehr Hinkel mit ins Bett. Des find ich jo iwwerdriwwe."
Des sin die letschde Werter gewesst, die ich gheert hab, korz bevor mer die Aage zugfalle sin.
In derre Nacht hab ich moinere Fraa de Rigge zugedreht. Wammer sunscht eng anenanner gekuschelt oischloofe, is in derre Nacht viel Platz zwische uns gewesst.

In derre Nacht hab ich vun Hinkel gedräämt, Hinkel in unserm winzische Gaade. Un ich middedrin.

Beim Middagesse am Sunndag hawwe mer uns iwwer Hinkel unnerhalte.
„Klasse", määnt unsern Sohn. „Wann kaafe mer die Hinkel? Un wu? Un wie isses middem Gockel?"
Ich bin sofort ausgflippt, vun Null uf Hunnert in äänere Sekund.
„Ehr seid all verrickt. E Hinkel kummt net ins Haus. Zwee schunn gar net, nur iwwer moi Leich. Un wann des so weitergeht, gebt's gar nix zum Gebortsdag. Ich odder die Hinkel!"
Unser Dochder hot mich aageguckt.
„Des is doch echt e Sauwerei, wie du doi Fraa unnerdrickscht. Merkscht du net, wie die sich die Hinkel winscht. Hoscht du iwwerhaubt kä Gefiehl?"
„Die Hinkel odder ich!"
„Guck der den klänne Psychopath aa."
Unsern Sohn hot de Kopp geschiddelt. Ich bin ufgstanne un außen Zimmer gerennt.

Am neggschde Dag ruf ich middags dehääm aa. Moi Dochder geht an de Apparat. Ich froog se: „Hoscht du des geschdern ernscht gemäänt, ich det moi Fraa unnerdrigge? Un doin Bruder, des middem Psychopath? Un iwwerhaubt die Hinkel."
Ich hab losgelegt am Telefon, hab alles noch emol ufgewärmt, kän Platz, die uffe Deer, des Haus verdreckt vun unne bis uf de Speicher.
„Du un doin Sauwerkeitsfimmel", hot mich moi Dochder unnerbroche.

Owends, wu ich häämkumm, hab ich des Telefongspräch schunn lengscht vergesse. Moi Fraa froogt mich glei als erschdes: „Was issen do heit losgewesst? Die Kinner sin ganz ufgeleest, rischdisch versteert. Jetzt heer mer mol gut zu: Ich det mer wahnsinnisch gern Hinkel winsche. Awwer der Krach in unsre Familie, der reicht. Heer mer gut zu: Hiermit verzicht ich freiwillisch un offiziell uf Hinkel. Vorerscht."

Dodebei hab ich mer oigebild, dass ehr Aage lache. Lacht se mich aa? Lacht se mich aus? Un ich hab immer noch net gewisst, hot se des ernscht gemäänt mit denne Hinkel? Odder nemmt se mich schunn die ganz Zeit uf de Arm?
„Grete, des wer doch en schääner Name fer e Gääs. Gfallt der dir?"

Gewissensfroog

Fer Arweitsbrote bin ich zuständisch. Jeden Morge schmeer ich fer moi Fraa un fer mich die Brote. Letsch Woch hot unser erwachseni Dochder bei uns iwwernacht. Ich vergess moiens moi Arweitsbrot un ärger mich ziemlich in de Paus.

Unser Dochder denkt, ich het des Brot fer sie gschmeert. Des wer awwer lieb gewesst, des middem Brot fer unser Dochder, sagt moi Fraa am Noochmiddag. Unser Dochder het sich rischdisch gfräät. Als ich moi Fraa iwwer de wohre Sachverhalt ufklär, määnt se, unser Dochder het sich iwwer die Brote so gfräät, ich sollt se in ehrm Glaawe losse.

Nadierlisch will ich moi Dochder net endeische. Awwer ich hab aach e schleschdes Gewisse, weil jo die Frääd vun unsere Dochder uf falsche Voraussetzunge beruht. Des Arweitsbrot is uhne Zweifel fer mich un net fer moi Dochder bestimmt gewesst. Kenne Sie mer weiterhelfe?

Fernsehowend

„Kumme Se doch her, setze Se sich zu mer!"
Der im Joggingaazug winkt oiladend midde Hand. Wie ich net so recht wääß, hebt er soi halbvolles Glas hoch.
„Woi is genug do. Nur e Glas misse Se mitbringe. Was die fer e Vorstellung gewwe! Des derfe Se uf kän Fall verseime."
Eigentlich hab ich kä Luscht uf Konversation, awwer schunn moin Vadder hot immer Wert uf gudi Nochberschaft gelegt. Un grad im Urlaub! Also verschwind ich in unserm Zelt un kumm middem Plaschdikbecher zerick.
„Hollänner, vor zwee Stunn aakumme."
Der im Joggingaazug deit auf de terrassierte Stellplatz unnedraa. E Steilwandzelt is ufgebaut, iwwerzwersch und erscht halwer ferdisch. Die Kordle bamble im Wind, die Gummis sin noch net gspannt. Ich rick mer moin Klappstuhl zerecht. Vielleicht werd's jo doch noch interessant.
„Wie die sich aastelle! Sie hawwe schunn ebbes verbasst."
De Camper do unne am Zelt wuchtet en schwere Sack vum Dachgepäckträger. Des ganze Glumb kracht laut scheppernd uf de Bodde. De Camper probiert, zwee Stange zammezestecke. Endlich hot er's gschafft. Er dreht sich zum Zelt hie, hebt die Stang aa, versucht's do, prowiert's dort, dann widder do, legt die Stang zerick zu de annere, stoppt de Packsack driwwer un schiebt alles unners Auto.
„Kerle, Kerle, die sin doch fers Vorzelt. Ob mer dem net en klänner Tipp gewwe solle? Awwer mer wolle uns jo net ufdränge. Des hawwe mer jo net nedisch, gell.
Na, hab ich zeviel versproche? Nochen Schluck?"
Ich heb de Plaschdikbecher hie, obwohl mer der Woi net schmeckt.
„Do, s geht weiter. Jetzt stellt er Wasser uf."
De Camper steht vor dem halbufgebaute Zelt un stemmt die Ärm in die Hift.

„Isser feschtgewachse? Des derf doch net wohr soi, der is feschtgewachse. Jetzt wiehlt er im Kofferraum rum, bestimmt sucht er de Kaffee. Ich bin nur gspannt, was bassiert, wann de Wasserkessel peift. Ob soi Fraa sich aa emol bequemt?"
Die Fraa hockt innem Campingstuhl, hot die Bää iwwernannergschlage und dreht denne zwee Zuschauer de Rigge zu. De Camper losst de Kofferraum Kofferraum soi un fabreziert en Hechtsprung zum Wasserkessel.
„Kerle, Kerle, der losst jo die Flamm brenne. Un soi Fraa, die hockt debei un macht kän Finger krumm. Des sollt sich mol moi Ingeborg erlauwe. Nochen Schluck?"
Soll ich mich verdrigge, mich äfach verabschiede, was vun Koppweh verzehle? Moi Neigier behalt die Owwerhand. Ich kennt jo werklisch was verseime.
De Camper kummt vum Auto zerick. In de Hand hot er e handlichs Päcksche. Er sieht die Flamm un dreht de Kocher ab. Außem Päcksche zieht er en Bliemschervorhang. Dodemit verschwind er im Zelt un kummt ball widder naus. De Bliemschervorhang bringt er mit. Er legt en exakt zamme un drickt des Päckel soiner Fraa in die Hand.
„Was gebten des jetzt? Ah, s gebt was ze esse!"
Die Fraa is ufgstanne, hebt de Vorhang an des Panoramafenschder vunnem Zelt. Awwer de Bliemschervorhang is viel ze klää fer des riesisch Fenschder. Die Fraa hockt sich widder hie. De Camper pendelt zwische Auto un Kocher hie un her, riehrt im Hawwe, schmeißt Gummihammer un Hering uf de Bodde, setzt des Wasser e zwettes Mol uf, versucht, de Campingdisch ufzeklappe, taucht middem Owwerkerwer im Kofferraum unner und zauwert rode Plaschdikdeller un rodes Plaschdikbesteck eraus.
„Wu issem dem soi Fraa. Die is verschwunne."
De Camper ruft zum Spielplatz niwwer. E Mädsche un en Bu kumme aagepeest un hocke sich an de gedeckt Disch. De Camper verdäält des Esse.

„Guck emol aa. Do isse widder. Middem Badetuch iwwer de Schuldere un mit nasse Hoor! Muss die ausgerechent jetzt dusche? Schmeckt de Woi?"
Ich nick, innerlich schiddelt's mich vor dem sieße Zeig. De Camper am Zelt schenkt Bier un Limo oi un schneid Brot ab.
„Kerle, Kerle, endlich hockt er mol uf soine vier Buchstawe. Ich muss grad sowieso. Do wer ich jo net viel verseime, jetzt wu se beim Esse sin."
Grad als der im Joggingaazug zum Klo unnerwegs is, springt de Camper am Zelt verschrocke uf. Mit soim linke Knie knallt er an de Campingdisch. E Limoglas kippt um. De Bu will derre Iwwerschwemmung ausweiche un kippt mit soim Stuhl um. Des Mädsche lacht, awwer nur so lang, bis de Bu es ans Schiebää trete dut. Die Fraa wischt middem Gscherrtuch die Limopitsch uffem Disch weg und macht des Glas widder voll. De Camper will sich setze, bleibt fern Moment regungslos stehe, sterzt dann zum Kocher un reißt de Wasserkessel runner. Zuerst schiddelt er vorsichdisch de Kessel, dann soin Kopp.
„Un, ich hab doch nix verbasst?"
Ich wink ab un während ich mer moin Dääl denk, heb ich moin Plaschdikbecher hoch. De Camper am Zelt fischt e Espressokännsche außem Kofferraum, schraubt es uf, fillt Wasser noi, leffelt Kaffeepulver in de Filter, schraubt alles widder zamme un stellt des Kännsche uf de Kocher.
„Kerle, Kerle, in aller Ruh worschdelt der vor sich hie, dodebei isses schunn glei dunkel. Un des Zelt is net ordentlisch ufgstellt. Wie die sich aastelle. Die ganz Ausrischdung bestimmt nei kaaft, vum Wolwert direkt in de Kofferraum und ab in de Urlaub. Kä Planung. Des muss doch alles geplant soi. Hollänner! Proweufstellung dehääm im Gaade, äämol, zweemol, dreimol, wann's soi muß viermol. Jeder Handgriff muss wie im Schloof sitze. Hab ich net recht?"

Ich kann des „Kerle, Kerle" nimmi heere un des populischdische Geschwätz, des geht mer langsam awwer sicher uf die Nerve. Trotzdem bleib ich sitze. S kennt jo noch was bassiere. Un dann det ich mich ärgere, wann ich net debei gewesst bin.
Noochdem die Fraa sich noch emol middem Bliemschervorhang versucht hot, uhne Erfolg, verschwind des handlich Päcksche, nimmer ganz so exakt zammeglegt, im Kofferraum. E wildgemuschderti Plaschdikdutt taucht uf.
„Am liebschde det ich denne mol zeige, wu's lang geht. Awwer ich kann mich bherrsche. Kumme Se, nochen Schluck."
Ich heb de Becher hie. De Camper schlirft gedankeverlore an soim Espresso. Die Fraa zieht e Paar pinkfarwische Schwimmflosse aus de Plaschdikdutt, dann e Taucherbrill unnen Schnorchel.
„Kerle, Kerle! Des schlagt jo dem Fass de Bodde aus. Do isses so gut wie stockdunkel, un die hockt do rum un prowiert ehr kompletti Tauchausrischdung aus."
De Camper sammelt die um des Zelt verdäälte Hering oi und schiebt den Packe unners Auto.
„Do siehscht jo kaum noch die Hand vor doine Aage. Wu sinnen die iwwerhaupt? Ich seh se gar nimmi. Sin se schunn im Zelt? Awwer denne ehr Zelt is doch erscht halwer ufgebaut. Un des Dorchenanner iwwerall! Uuvorstellbar! Zum letschde Mol: Proscht!"
Ich trink moi Glas in ääm Zug aus, stemm mich außem Campingstuhl un klappen zamme.
„Programmschluss, schad. Awwer: Fortsetzung folgt, glei moie frieh," määnt der im Joggingaazug.

Die erscht Nacht

Ich heer Stimme. Do bin ich mer sicher. E leises Pischpere. Und dann Schritt uffem Kies vor de Hitt. S kennt awwer aa des Windspiel soi. Des hot moi Fraa unnerm Vordach ufghengt.

„Des wer doch was", sagt moi Fraa annem Freidag im April beim Friehstick. Ich nick un les des Interwiew middem Eric Gerets weiter.
„Heer doch mol zu", unnerbrecht moi Fraa des Interwiew. „‚Gemütliches Wochenendgrundstück mit Teich und gemauertem Häuschen, direkte Zufahrt', des heert sich gut aa."
Ich nick un denk an moi Sportseit.
S kummt immer mol vor, dass moi Fraa am Freidag die Immobilieseit vum Mannemer Morge studiert. Net dass Sie denke, mer wolle umziehe. Unser Haisel gfallt uns. Awwer unser Gaade, e Schuhschachdel. An dem Freidag bin ich ganz ruhisch gebliwwe, weil die Such is bis jetzt net so erfolgversprechend verloffe, entweder ze deier, mer hawwe kä fuchzisch-, sechzischdausend Euro fer en Gaade, odder des Objekt der Begierde is viel ze weit entfernt, was nitzt uns en traumhafter, billischer Gaade midde in de Vogese. Ich bin derre Gaadesuchaktion relativ gelasse gegeiwwergestanne.
Moi Fraa kummt vum Telefon zerick un määnt:
„Ich hab grad aagerufe, ich hab e Wegbeschreiwung. Moie Frieh noochem Wocheendoikaaf fahre mer los."

Ich fahr zamme, schunn widder des Pischpere, jetzt ganz nooh. Wie ich mich vorsichtisch ufsetz, weil ich moi Fraa net wecke will, heert des Pischpere uf und do sin aa kä Schritt mehr uffem Kies. Warum hab ich mich nur uf die Sach middem Gaade oigelosst?

Mit Gaade hab ich net viel am Hut. Ich schneid de wilde Woi ab, wanner die Wand ze schnell hochkrawwelt, ich stortz de Nussbaam. Ich geb's jo zu, ich fräää mich, wann alles schää grie is. Moi Fraa det en griener Daume hawwe, sage alle, wannse bei uns ze Besuch sin. Ich sitz annem Summerowend gern in unserm Gaade bei em gude Gläsel Woi, iwwer mer die Stern. Odder was mer in Mannem dodevun sehe dut. Soviel Gaade reicht. Ich bin mit unsere Schuhschachdel zefriede.

Ich kann nimmi oischloofe. Ich stell mer vor, do schidde Skinheads Benzin iwwer unser Hitt un blockiere die Deer. Die Fenschderläde hawwe mer vun auße verrammelt. Jetzt sitze mer in de Fall, denk ich, die Hitt brennt lischterloh, die Deer dun se vun auße verbarrikadiere, mer sitze do drin un kumme nimmi naus. Kenne Sie sich so was vorstelle? Wieso ich uf Skinheads kumm? Unser Sohn is vor e paar Woche vun Derkem zum Bismarckturm geloofe mit soiner Freindin. Korz vor Leistadt an de Abzweigung zu de Lindemannsruh is ihne e Auto voll mit Glatze engegekumme.
Ich schmeiß des Bettdeck zerick, spring uf, sterz ins Freie.

Die ganz Fahrt iwwer hab ich ghofft. De Traumgaade sollt en Roifall soi. Des mit derre direkte Zufahrt hot exakt gstimmt. Eigentlich het mer direkt an de B44 parke kenne, die geht vun Berstadt nooch Worms, un selbst am Samsdagmiddag is die gut befahre. Vun de B44 isses nur en Katzesprung zu dem Gaade. Des middem klänne Teich is leicht unnertriwwe gewesst. Des halbe Grundstick hot aus em iwwelriechende Timpel bestanne mit grieblooe Plagge owwedruff.
„Des is nix", sagt moi Fraa glei un will schunn widder oisteige.
„Jetzt mach emol langsam", sag ich un wunner mich iwwer mich selwer. Ich bin zwee-, dreimol um des Grundstrick gstriche. Wann mer den Timpel halwer zuschidde dut. Wann mer des Wasser mit denne Plagge abbumbe losst. Wann mer vunnem Tankwagge neies

Wasser bringe losst. Wann mer an de Seit zu de B44 e dischdi Heck planze dut. Wann mer. Awwer soviel ich aa guck un hie- un heriwwerleg, moi Fraa hot Recht. Des is nix, beim beschde Wille net.
Irgendwas muss sich bei derre Besichdischung bei mer verännert hawwe. Des soll ein Roifall soi, des hab ich gehofft. Jetzt isses en Roifall un ich bin irgendwie endeischt. Gaade, fer mich kä Thema, so hab ich noch geschdern gedenkt. Ich glaab, zu dem Zeitpunkt isses ze spet gewesst. Ich hab Blut geleckt.

Stockdunkel isses vor de Hitt. Kä Wunner. Midde im Wald. Die letschde Heiser sin weit weg. Nur die Stern iwwer mer. Wie hell die sin. Viel heller als wie in Mannem. De große Wagge hab ich uf Aahieb endeckt. Still isses. Gspensdisch still. Zum Angscht hawwe still.
„Was is dann los?"
Moi Fraa hot sich newer mich gstellt, hot ehrn Arm iwwer moi Schuldere geleggt un ehrn Kopp an mich gedrickt.
„Kannscht net schloofe?"

Dehääm hab ich als erschdes de Computer aagschmisse, bin ins Internet un hab nooch Wochenendgrundsticke gsucht, nooch Freizeitgrundsticke, nooch Gaadegrundsticke, alles im Umkreis vun fuchzisch Kilometer. Drei interessante Aagebote hab ich gfunne, zwee in de Palz un ääns in Dossene, in de Neh vun Heidelberg. Am Mondag isses losgange.
„Dürkheim-Leistadt: schönes Wochenendgrundstück, 540 qm, ruhige Lage, gepflegt, nett eingerichtetes Holzhäuschen. Des heert sich doch gut aa", hab ich gemäänt.
Am Fass in Derkem hawwe mer uns middem Verkaifer getroffe. Hinner soim BMW simmer de Berg hoch nooch Leistadt gfahre. Sie hawwe so e Erfahrung bestimmt schunn gemacht. Sie kumme wuhie un Sie denke, do sin Se schunn emol gewesst. Dodebei leit des, wu Sie

schunn emol gewesst sin, ganz wuannerscht. Wie in Italie, denk ich fer mich, wie die erschde Haiser vun Leistadt vor uns ufgetaucht sin.
„Rischdisch italienisch“, sagt in dem Moment moi Fraa. Dorch de Ort, dann korz vorm Ortsausgang links ab. Des letschde Haus in derre Strooß is en Winzer, praktisch, denk ich fer mich. Dann geht en Feldweg rechts ab. Kreiz un quer dorch Wingerte un Ägger mit Obstbääm, dann taucht e großi Wies vor uns uf, gut zum Parke, denk ich. E wacklischi Trepp hoch, 22 Stufe, hab ich regischtriert. En leischder Zweifel, awwer mer sin jo sportlich. Ich wääß net ob Ihne des schunn emol so gange is. Sie sehe ebbes zum erschde Mol un Sie wisse sofort, des isses.
Des Grundstick is in Terrasse aagelegt. Ugefähr in de Mitt steht e klä Holzhitt.
„Siwwe e halb Quadratmeter“, sagt der Verkaifer, „odder fuchzeh Kubickmeter.“
Vor derre Hitt sin sechs Fässer im Bodde vergrabe.
„Des Wassersyschdem“, sagt de Verkaifer. „Die Fässer sin unnerenanner verbunne, jedes Regedröppsche werd ufgfange.“
Ich hab dem Verkaifer fasziniert zugheert. Kä fließendes Wasser, is mer klar worre. Dass die Fässer nur voll werre, wann's räänt, do dra denk ich in dem Moment net.
Dann zeigt er uns des Klohaissche mit derre Chemie-toilette. Als neggschdes is e gemauertes Loch vorrem Tannebaam an de Reih.
„De Nadurkiehlschrank“, sagt er un mer wisse, kän Stromaaschluss.
Dann sagt er: „Ruhisch isses, nur die Veggel mache Krach.“
Warum er verkaafe det, froog ich.
„Moi Fraa un ich hawwe uns getrennt.“
Un nooch ännere klääne Paus sagt er noch: „Un im Januar bin ich arweitslos worre, Induschtriekaufmann, dreißisch Johr im selwe Betrieb. Bankrott, vun ääm Dag uf de annere. Wer nemmt en Kaufmann mit 47 Johr?

Desdewesche mach ich mich selbschtschtändisch. Ich-AG. Werbefläche in Oikaafswägge, des is die Zukunft." Ich hab so moi Zweifel an derre Zukunft, awwer ich sag nix. Kän Strom, kä Wasser, dodevor des halwe Grundstick mit Feiderdorn zugewachse, awwer ich bin mer sicher, des isses. Un s gebt jo Kettesäge. Ich wääß net, ob Sie des noochvollziehe kenne.
„Mer iwwerlegge uns des noch emol un sage Ihne dann Bescheid", sagt moi Fraa. Speter, widder in unserm Auto, sagt se: „Des hot mer schunn gut gfalle, awwer ich det mer halt gern noch die annere Sache aagucke."

„Ich hab bees gedräämt. Vun Skinheads. Vun Feier. Un mer in de Hitt gfange. Verbrenne bei lewendischem Leib."
„Wie kummschde uf sowas?", froogt moi Fraa. „Do is doch niemand. Guck nur, wie die Stern leischden. Die basse uf."
Mer hawwe noch e Zeitlang die Stern aageguckt, dann simmer in die Hitt zerick.

Vun Leistadt nooch Neistadt. Des „sehr schöne, terrassierte Freizeitgrundstück mit Blick über Neustadt" hawwe mer uns nur vun auße aageguckt. Der Blick uf Neistadt, werklisch schää. Awwer des Motoregedens vum Elmsteiner Dal hoch, kä Erholung. Also hawwe mer uns uf die letschd Etapp unserer Sightseeingtour gmacht, vun Neistadt nooch Dossene, vun de Palz zum Rand vum Odewald. Außer Gstripp un ääner windschiefe Hitt korz vorm Zammefalle is des Grundstick in Dossene, en ehemalischer Wingert, absolut leer gwesst. Awwer der Ausblick! Links des Atomkraftwerk vun Phillippsburg, rechts des vun Biblis, in de Midde des Mannemer Großkraftwerk. Was fern Blick in die Rhoiebene!
„Un des Gestripp, kä Problem", hot de Verkaifer gmäänt, „do nemme se sich zwee Pole, mache en Feschtpreis aus, un schunn is alles uf Vordermann."

Am Owend hab ich bei dem Leistadtverkaifer zugsaat. Am Dienschdag hawwe mer die Finanzierung geregelt un en Nodartermin fer de Freidag um zehne ausgemacht. Am Mittwoch simmer in Mannem rum un hawwe noochem winzische Schloofsofa geguckt. Am Dunnerschdag hawwe mer im Baumarkt e Kettesäg mit Benzinmotor gekaaft, Sie wisse jo, kän Stromaaschluss. So schnell kann des gehe. Do liescht grad noch friedlich des Interwiew middem Erik Gerets, blinzelscht ää-, zweemool, un schunn hoscht en Gaade un wääscht net, wiede dezu kumme bischt.

Des Pischpere un die Schritt uffem Kies sin jetzt verschwunne. Vielleicht sin se awwer aach nur vorsichdischer, denk ich. Dann schloof ich oi.
E ferschderlisches Grunze un Gequieke ganz in de Neh losst mich hochfahre. Ich steh senkrecht im Bett, schiddel moi Fraa, die dreht sich uf die anner Seit. „Des sin nur Wildsäu."

Um Freidag korz nooch halwer zwölfe simmer in de Gaade kumme. Bis des Auto leer gerahmt is! Wasserkannischder. Gaadegeräte, des ausrangierte Mountainbike vun unsere Dochder. Des Bettsofa, 130 cm bräät un zum Ausklabbe. Des Bettzeig net ze vergesse. Schließlich soll des heit doch unser erschdi Nacht in unserm Gaadehaisel werre. Un dann alles die 22 Stufe hoch. Un noch e Stick hoch bis zu de Hitt. S is net warm an dem Dag Ende April, awwer de Schwääß laaft in Streme. Bis mer des Bettsofa, des uuschiere Ding, des im Ausstellungsraum so zierlich ausgsehe hot, die viele Treppe hochgewucht, dorch die schmal Deer vun unsere Hitt bugsiert hawwe! Millimeterärwet, sag ich Ihne. Dann hawwe mer de Gasgrill, Sonderaagebot beim Praktiker, aagschmisse. Grad wie die erschde Werscht so rischdisch knuschprisch sin, ruft unser Sohn vun unne vun de Wies: „Wu is die Kettesäg?"

Bis ausdiskudiert is, warum mer die Kettesäg dehääm gelosst hawwe, sin die Werscht fascht verkohlt. „Uffem Holzkohlegrill schmecke die sowieso besser", sagt unsern Sohn.
Owends um halwer neine isser gfahre. Dann simmer allää gewesst, hawwe e Flasch Woi getrunke, en leichter Sankt Laurent, dann hawwe mer noch e Flasch Regent ufgemacht. Iwwer uns die Stern, ganz nooh, ganz klar, viel klarer als wie in Mannem. Un die Still! So was vun still. An gespensdisch still denk ich in dem Aageblick net. Selbscht die Veggel hawwe inzwische gschloofe. Unser Gaade is mer wie des Paradies vorkumme. Dodevun hoscht doi Lewe lang gedräämt un du hoscht des net emol gwisst. Wie hab ich bloß fuchzisch Johr lang lewe kenne uhne so en Gaade? Letschden Freidag, en Gaade kä Thäma fer mich, ää Woch speter is alles perfekt, Nodar, Kaufvertrag. Mer is ganz schwindlisch worre vor Glick.
Korz vor Middernacht hawwe mer beschlosse ins Bett ze gehe. Gar net so äfach, kän Strom, an e Daschelamp hawwe mer im Eifer des Gefechts net gedenkt. Un leicht beschwingt noch fascht zwee Flasche Woi des Bett quasi im Stochdunkle ze beziehe, des is gar net so äfach. Des kenne Se mer glaawe. Dodmied simmer uf unser ausgeklapptes Schloofsofa gfalle. Ich hab mich hie- un hergewälzt, so vieles is mer im Kopp rumgschwirrt. Fer korze Aageblicke bin ich weggedeest, dann glei widder wach worre, weil ich mer oigebild hab, dass ich vor de Hitt Stimme heere det. Also kä Spur von Schloof in unsere erschde Nacht in unserm neie Gaade in Leistadt ganz in de Neh vun Derkem, 34 km vun Mannem entfernt. Odder in Minudde ausgedrickt, 36 Minudde, wann wenisch Verkehr is, wann die Ample ginschdisch gschalt sin, wann's optimal laaft, Sie wisse, was ich mään.

De erschde Sunnestrahl fallt dorch's Fenschder. S werd bestimmt en schänner Dag heit. Um siwwe macht der Bäcker uf, ich hab mich geschdern informiert, ich schwing mich uf's Mountaimbike, kaaf frische Bretscher un die Zeidung. In de Zwischezeit kocht moi Fraa de Tee. Friehsticke wolle mer uf de owwerscht Terrass. Do kummt als erschdes die Sunn hie. Ich frää mich uf des Friehstick nooch de erschde Nacht in unserem neie Gaade. Des kenne Sie sich bestimmt vorstelle!

Schlissel

Dodevun kenne Sie bestimmt die ää odder anner Gschicht verzehle. Unsern Sohn in Verbindung mit Schlissel, des is e ganz besunneri Gschicht.
Zum Beispiel wie er mit soinere Freindin Gebortsdag feiere will, er awwer net außem Haus kummt, die Hausdeer abgschlosse, de Vermieder net dehääm. Frooge Se mich net, wie de Schlisselbund ins Nudelsieb im Kischeschrank kumme is. Odder wie unsern Sohn die Wohnungsdeer zuzieht un de Schlissel leit uffem Wohnzimmerdisch. Wie er middere Lääder uf de Balkon vum Vermieder geklettert is, dann iwwers Glasdach mit de gleich Lääder uf soin eigene Balkon, e ganz schää wacklischi Aagelegenheit in lufdischer Heeh. Wie er grad die Balkondeer aushewwelt, klingelt's vorne an de Wohnungsdeer. Bis er denne Bolizischde verkliggert hot, dass er kän Oibrecher is. Die Schlisselprobleme vun unserm Sohn, die sin nix Neies. Glaawe Se mer ruhisch. Des, was Aafang September soin Aafang genumme hot, des stellt allerdings alles Bisherische in de Schatte.

Mittwochowend halwer zehne. Besuch vun unserm Sohn. S Auto um die Eck geparkt, abgschlosse, de Autoschlissel hengt net am Schlisselbund dra. Des Detail is wischdisch, misse Se wisse, jedes klännschde Detail is wischdisch fer des, was kummt. S Hofdor ufgschlosse, des is zu gewesst, do bin ich mer sicher, weil ich korz vorher die Milltonn rausgstellt hab. Dann die Hausdeer ufgschlosse, awwer ich bin mer net sicher, ob ich vorher abgschlosse hab.
„Doch, doch", sagt unsern Sohn, „ich bin mer sicher, ich hab de Schlissel rumgedreht."
Dann geht er direkt ins Wohnzimmer. Sagt er. Do sitze moi Fraa un ich un heere Musik. Odder lese. Odder unnerhalte uns. Ich wääß nimmi so genau. Unsern Sohn legt de Rucksack vor die Heizung, nemmt de

Koppheerer vun soim MP3-Player ab un platziert se im Bischerregal.
„Eigentlich mään ich, ich het de Schlisselbund un de Autoschlissel aa ins Regal gelegt", werd er speter sage. Er begrißt uns, setzt sich newer mich uf's Sofa un trinkt vum Rotwoi, den ich oischenk. Mer unnerhalte uns, ich wääß nimmi, wuriwwer, unser Sohn backt sich e Pizza uf, mer gugge die Tagestheme, ich wääß nimmi, ob middem Ullrich Wickert odder midde Anne Will, ich wääß nimmer, was bassiert is in de Welt an dem Dag. Korz noochem Wetter, ich wääß nimmi, wie des Wetter worre is am neggschde Dag, bin ich ins Bett gange. Moi Fraa un unsern Sohn unnerhalte sich noch e bissel, sie wisse nimmi, wuriwwer. Dann, korz noch Middernacht, sin se aa ins Bett.

Um halwer zwee am neggschde Dag kumm ich vun de Ärwet un finn unsern Sohn ufgelest.
„Die Schlissel sin fort, Autoschlissel und Wohnungs-schlissel."
Des is de letschde Autoschlissel, misse Se wisse. De anner is an Pingschde verschwunne, unner uugeklärte Umständ, nur soviel: Unsern Sohn hot soinere Schweschder des Auto gelähnt.

Seit geschdern Owend hot sich im Haus un ums Haus rum schunn manches verännert. Am Vormiddag hawwe die Handwerker des Gericht abgebaut, unser Haus hot e neies Dach gekriegt.
„Ich hab de Schlissel noochem Ufschließe net uf des Gericht geleggt", behaupt unser Sohn.
Trotzdem unnersuch ich de Hof un klingel bei de Noch-berin. S het jo soi kenne, dass die Schlissel beim Abbaue vum Gericht iwwer die Mauer gflooge sin. Fehlaazeig. Die iwwerische Ziggel, die wu im Gang gelegge sin, hot unsern Sohn am Vormiddag in de Keller getrage. Ich unnersuch jedi Ziggel äänzeln, dreh se um , wend se hie- un her, Fehlaazeig. Mer stelle des Wohnzimmer uf

de Kopp, unnersuchen jeden Quadratzentimeter, gucken hinner jedes Buch, hinner jedi CD, des sin fascht dausend, verriggen des Sofa, verschiewen die Sessel, Fehlaazeig. Mer nemme uns de Flur, des Esszimmer, die Kisch, die Speisekammer vor, Fehlaazeig. Mer suche im erschde Stock, sogar uffem Speicher, obwohl do unsern Sohn gar net gewesst is, alles Fehlaazeig. Ich rahm die Kiehltruh komplett aus, Sie erinnere sich, die Pizza. S het jo soi kenne, dassem die Schlissel, wu er die Pizza aus de Kiehltruh gefischt hot, aus de Hand gfalle sin. Sie hawwe Recht, des heert sich iwwertriwwe aa. Awwer was mache Sie, wannse ehr Schlissel verlegt hawwe un wannse die Schlissel nimmi finne? Sie klammere sich an jeden Strohhalm, sehe Se! So isses mer gange midde Kiehltruh. Ich hab noch emol die Ziggel im Keller umgedreht, bin noch emol vor de Hausdeer rumgekrawwelt, hab noch emol des Wohnzimmer unnersucht, alles Fehlaazeig.

Um halwer finfe kummt moi Fraa un nemmt sich alles, was moin Sohn un ich unnersucht hawwe, noch emol vor. Spet owends, die Tagestheme sin schunn rum, gewwe mer uf. Unsern Sohn hot sich lengscht vun soine Freindin abhole losse. Zum Glick hot die en Ersatzschlissel vun soinere Wohnung.

Am neggschde Dag stelle mer unser Haisel noch mehrmols uf de Kopp, immer Fehlaazeig. In uuzählische Gespräche mit unserm Sohn versuche mer, jede Minut vun dem besagte Owend ze rekonschtruiere. Wu die Deer ufgeht, wu er ins Wohnzimmer kummt, wu er de Rucksack vor die Heizug deponiert, wu er die Koppheerer ablegt, wu er moi Fraa begrißt, wu er mich begrißt, wu ich de Woi oischenk, wu mer aastoße, wu er die Pizza esst, wu ich ins Bett geh. Die Schlissel sin dodevun net ufgetaucht. Dann, widder isses uf Middernacht zugange, beschließe mer, mer heere uf mit Suche, s langt. Mer losse de Autoschlissel noochmache.

Nadierlisch ziehe mer des in derre Konsequenz net dorch. Sie kenne sich des vorstelle. Nadierlisch suche mer immer mol widder noch de Schlissel, nimmi so systemadisch, eher sporadisch. Die Dag gehe rum, des Auto vun unserm Sohn steht bei uns um die Eck un am Telefon versprecht er immer: „Glei moie frieh ruf ich beim Nissan-Händler aa."
Zwee Woche sin rumgange, dann hot moi Fraa aage-rufe. Der vun Nissan wollt die Schlisselnummer wisse, ään Buchstawe un drei Zahle, s det im Serviceheft stehe. Un des leit im zugeschlossene Auto vun unserm Sohn, denkt moi Fraa.

Sie glaawe gar net, wie äfach des is, so e elderes Auto ufzebreche. Awwer zeerscht misse mer noch e gudi Woch warte, weil moin Bruder in Urlaub is. Dann isses awwer ruckzuck gange. Moin Bruder is handwerklisch geschickt, hot en Droht geboge un schunn is des Kneppsche an de Beifahrerdeer owwe gewesst. Uf de zwette Seit in de Babiere hot die Schlisselnummer gstanne, E 605. Vier Dag speter sin die Ersatzschlissel do. Moi Fraa holt die Schlissel ab, 30 Euro, gar net mol so deier. Awwer die Schlissel basse net!
„Ich hab's sogar gschafft, des Auto ganz allää ufzu-breche", verzehlt moi Fraa owends stolz. „Weil ich wollt wisse, ob de Schlissel an de Zindung basst."
Hot er awwer net.
Uffem Schließzylinder vun de Beifahrerdeer det e Nummer stehe, hawwe mer als Auskunft vun Nissan gekriggt. Also zum dritte Mol des Auto geknackt, inzwi-sche simmer schunn Autoknackprofis, de Schließzylinder ausbaue, e elendischi Fummelei, kann ich Ihne sage. Ich guck mer de Zylinder vun alle Seite aa, e Nummer seh ich net.
Dann sollte mer de komplette Zylinder äfach mitbringe, der det dann oigschickt werre, hawwe mer als Auskunft gekriggt.

So hawwe mer's gemacht. Moi Fraa is widder zum Nissan-Händler gfahre und hot den Zylinder abgewwe. Sie det sich do schunn rischdisch dehääm fiehle, hot se gemäänt. Un mer missde uns gedulde, des det e bissel daure, bis die Schlissel ferdisch sin.

Acht Dag sin seitdem rum, odder neine. Ich bin grad debei im Wohnzimmer e bissel ufzerahme. Do seh ich midde im Zimmer, net ze iwwersehe, en Schlisselbund. Ich guck mer den Schlisselbund aa, Wohnungsschlissel, ääner seht aus wie unsern Schlissel, en Autoschlissel mit schwarzem Griff, Nissan steht druf. Ich spurt zum Auto. Sie erinnern sich, des steht schunn seit Woche bei uns um die Eck. Grad wie ich an de Hofdeer bin, klingelt des Telefon. Ich zerick.
„Sie können die Schüssel abholen", sagt der vun Nissan am Telefon.

Unsern Sohn hot jetzt drei Autoschlissel, ääner dodevun hengt bei uns im Schlisselkaschde. Frooge Sie mich net, wieso der Schlisselbund midde im Zimmer gelegge is. Frooge Sie mich net, warum alles an ääm Bund gewesst is un net, wie unsern Sohn steif un fescht behaupt hot, de Autoschlissel äänzeln. Moi Mudder hot gemäänt, s het doch was genitzt, dass se zum heilische Antonius gebet het. Dass er net wenigschdens en klänne Fingerzeig gewwe hot, wu der Schlissel gewesst is, des kann ich ihm net so äfach verzeihe.

Wu bitte is die Speisekart?

Froog ich moi Fraa. Mer stehe vor dem Restaurant un suche die Speisekart. Awwer do hängt kä Speisekart. Sie kenne des sicher. E aastrengendi Wanderung. Kä Luscht selwer ze koche. Do werd beschlosse: Mer gehe esse. Zum Glick betreiwe die Vermieder vun unserm Ferie-haisel e Restaurant. Awwer nirgendwu is e Speisekart. So was is mer glei verdäschdisch. Mer isses äfach wohler, wann ich wääß, wu ich dra bin, wann ich wääß, was uf mich zukummt, wann ich wääß, wasses koscht. Geht Ihne des genauso? Verstehe Sie mich net falsch, awwer ich hab immer Angscht, dass ich iwwers Ohr ghaue wer, noch dezu im Ausland, in Italie. Am liebschde det ich rumdrehe und wie geplant Nudle mit Tomadesoß koche.

„Kummt net in Froog“, losst moi Fraa net locker, „mer prowiere des heit aus.“

Im Reisefiehrer vum Piemont steht, dass des Restaurant vun Borgo Robinie in Bosia, siedlich vun Alwa im Belwo-Dal, e gehoweni Kisch het. Ihne brauch ich net ze verzehle, was des bedeit.

Die Signora bedient uns persenlisch. Mer bestelle e Flasch Woi, die Hausmark, un e Flasch Wasser.

Was mer ze Esse hawwe wolle, froogt se net.

„Komisch“, sag ich zu moinere Fraa.

„Jetzt wart's halt ab“, krieg ich als Antwort. „Des is so ieblisch in so Restaurants.“

„So ieblisch? Des hot Syschdem!“, sag ich.

Moi Fraa lacht.

„Jetzt mach emol halblang. Des werre mer uns noch leischde kenne!“

Am liebschde det ich ufstehe un widder gehe. Ich hab des Gefiehl, mer werre beschisse. Moi Fraa knabbert an de Grissini. De Woi kummt. En fruchdischer, leischder Rotwoi, en Dolcetto, net schlecht. Un glei denooch, mer hawwe noch net emol bestellt, werd de erschde Gang

schunn ufgetrage. Schinke mit Keesflogge driwwergeraschpelt un Ruccolasalat.
„Des sieht awwer gut aus!“, fräät sich moi Fraa.
S sieht net nur gut aus, s schmeckt aach gut. Awwer wart nur ab, denk ich fer mich. Schunn geht's weiter. Hackfläschbällscher un Gemies, alles in Silz. S sieht noch schänner aus, logisch. Hawwe Sie was anneres erwart? Dann discht die Signora oigeleggte Tomade uf. Des gebt e beeses Erwache am End, denk ich, DIE Rechnung werd gsalze, ich trau mich awwer net des ze sage, weil moi Fraa bei jedem Bisse genisslich mit de Aage rollt. Weiter geht's. Getriffelde Lewwerknepp im Däägmantel mit Soß. Jetzt roll ich midde Aage. Bevor de neggschde Gang ufgfahre werd, misse mer auswähle. Tagliatelle odder Gnocchi.
„Fer mich Knocki“, sag ich un moi Fraa guckt mich amisiert aa. Ich kumm mer ganz klää un uubedarft vor. Wie die Signora weg is, lacht moi Fraa laut naus.
„Wääscht noch, die Bedienung in Neckarsteinach?“
Nadierlisch wääß ich des. Die Bedienung stellt schwungvoll des Esse vor uns hie: „Einmal Pizza, einmal Knotschi, ich wünsche guten Appetit“.
Die Mini-Grumbeerklees schmecke himmlisch, nur in Budder gschwenkt mit Salweiblätter. Ganz äfach zubereit. Awwer so rischdisch genieße kann ich des Esse net. Immer widder muss ich draa denke, was des am End koschde dut. De wievielt Gang issen des? Ich kumm schunn middem Zehle nimmi nooch. Weiter geht's. Nooch Antipaschdi un Primi sin jetzt die Segundi an de Reih. Un do misse mer widder auswähle. Kannickel odder Kees.
„Kees“, kummt's bei mer wie aus de Pischdol gschosse, weil ich denk mer, wann ich Kannickel sag, kummt als neggschdes dann de Kees sowieso draa. Moi Fraa is oiverstanne. Die Signora stellt e Holzbrett middem runde Kees uf de Disch un verzehlt was vun Tuma. Im Farbbildband iwwers Piemont hab ich was vun Toma gelese. Tuma odder Toma, egal. Während de Kees ganz

langsam uf de Zung vergeht, denk ich net an die Speisekart, die wu's net gebt, denk ich net ans Bezahle, denk ich net draa, dass mer iwwers Ohr ghaue, dass mer beschisse werre, ich denk nur an den Kees, wie der so langsam uf moinere Zung vergeht, ich denk an nix anneres, nur Kees, nix als Kees, was fern Kees.
„Ach is der Kees gut!", sagt moi Fraa, un wu se recht hot, hot se recht. Dann is des letscht Stiggel Kees uf de Zung zergange, de Dolcetto is ausgetrunke, die Speisekart fallt mer ei, dass am End abgerechend werd, dass mer bezahle misse, dass mer am End fer alles bezahle muss, dass nix umsunscht is im Lewe, net emol de Dod.
„Dolce?", froogt die Signora.
Zum Glick winkt moi Fraa ab. Awwer en Espresso un dann en Grappa bestellt se . Mer kennte in unserm Feriehaisel unsern eigene Grappa trinke, denk ich fer mich. Awwer moi Fraa besteht uf Grappa im Restaurant. Die Signora stellt zwee Gläser un e Flasch uf de Disch un verschwind in de Kisch.
„Des hot Stil", sagt moi Fraa.
Was des hääßt, brauch ich Ihne net ze verzehle.
Des erschde Gläsel Grappa schenk ich noch ganz vorsischdisch oi.
„Alla! Proscht!"
Beim zwette bin ich schunn mudischer.
„Jetzt iwwerteib doch net!", sagt moi Fraa.
„Was solle die vun uns denke?"
„Ich un iwwertreiwe? Fer jedes Tröppsche Grappa misse mer bezahle", sag ich.
De Grappa fangt schnell aa ze wirke. Ich fiel mich rundum wohl. Ganz weit hinne in moim Hern versteggelt sich en Gedanke an die Rechnung vun dem Feschtesse. Awwer mit jedem Schluck Grappa werd der Gedanke klänner. Ich schenk noch zwee Mool nooch, dann is die Flasch leer. Un jetzt is der Gedanke schunn klitzeklää worre, is nur noch e winzisches Atom innem riesische Grappa-Meer.
"Il conto, per favore", sagt moi Fraa.

Die Signora winkt ab.
„Mer kennte am Schluss vum Urlaub bezahle", dolmetscht moi Fraa.
„Am Schluss? Wammer die Iwwersicht verlore hot? Wann ich net erfahr, was der Spaß uns gekoscht hot, siehschde mich in dem Restaurant nimmi", sag ich.
Also werd die Signora widder gerufe. Irgendwie isses moiner Fraa peinlich.
„Mer kriege gsaat, wasses koscht, awwer bezahle kenne mer am Schluss", erklärt moi Fraa. Mit dem Kompromiss kann ich lewe.
Die Signora leggt en Zeddel uf de Disch.
„Sag schunn, was hot der Spaß gekoscht?",
platz ich fer Neigier.
„Hot's der gschmeckt odder hot's der net gschmeckt?", froogt moi Fraa zerick.
„S is schunn net schlecht gewesst", drucks ich rum.
„48 Euro", sagt moi Fraa.
Pro Person, denk ich un bin erleichtert, des geht jo direkt noch.
„Alles zamme", sagt moi Fraa.
E Sechs-Gang-Menie mit Woi, Wasser, Espresso un Grappa bis zum Abwinke, also werklisch, 48 Euro, des sin wennischer wie 100 Mark, des is net deier, do gewwe Sie mer doch sicher recht.
„Do kumme mer widder", sag ich zu moinere Fraa.
„Obwohl's kä Speisekart gebt?"

Reklamatione

Des is e wohri Gschicht. Net gelooge. Alles is so bassiert, wie ich's verzehl. Ich stell des glei am Aafang klar, net dass Sie uf den Gedanke kumme, des wer alles erfunne.

Sie hawwe die Erfahrung sicher schunn gemacht. Sie kaafe sich was Neies un wann Se dehääm des Zeig auspacke, stelle Se fescht, dass irgendwas net in Ordnung is. E Schraub fehlt, en Nibbel is abgebroche odder sunscht was.
Am Aafang vun unsere Ferie hawwe mer die Speisekammer renoviert. Un beim Bodde hawwe mer uns fer e Laminat enschiede. Un weil uns der Bodde so gut gfalle hot, hawwe mer gedenkt, des det aa im Bad im erschde Stock gut aussehe. Also fahr ich ins Bauhaus uf de Voggelstang un schnapp mer zwee Pakete vum dem Laminat. Wie ich dehääm des zwette Paket außem Auto zieh, seh ich, dasses uf de ääne Seit oigedrickt is. Ich stell zu moim Ensetze fescht, dass so gut wie alle Bretter en Macke hawwe. Ich hab e Zeitlang vor mich hiegeknewwert un hab mich dann uf de Weg zum Reklamiere gemacht. Im Bauhaus hawwe die mer des uukompliziert ersetzt. Ää Stunn speter un um die Erkenntnis reicher, dass ich in Zukunft jedes Paket Laminat genau kontrolliere muss, bin ich widder dehääm.

Gege Owend fahr ich mit moinere Fraa zum Baumarkt in de Mallau. Mer suche Schnapprollos fer unser zweefligglisch Deer vum Esszimmer in de Gaade. Mer suche lang, des is net so äfach, was Bassendes ze finne. Oikaafe is wie Ärwet. Awwer des is sicher kä neii Erkenntnis fer Sie. Des erschde Rollo bau ich uhne Probleme un in rekordverdäschdischer Zeit oi. Wie ich die Verpackung vum zwette Rollo ufmach, stutz ich. Ääner vun denne zwee Plaschdikhalter, an denne des Rollo befeschdigt werd, fehlt. Ich guck mer die Verpackung aa

un stell fescht, dass die Unnerseit net original verpackt is. Die Unnerseit is mit Klebstreife zugeklebt. Zu allem Iwwerfluss is de Zug aach noch gerisse. Am neggschde Moien fahr ich friehzeidisch zum Baumarkt, verlang glei de Abteilungleiter. Der enschuldischt sich. Sie dete halt alle Artikel zericknemme.
„Awwer Sie misse doch kontrolliere, ob der Artikel in Ordnung is."
Ich argumentier midde Fahrtkoschde, midde Zeit, die ich in de Gegend rumfahr un des in moim Urlaub.
„Gut", sagt der Abteilungsleiter. „Vun Feidene kumme Se, des sin zeh Kilometer, Sie kriege e Gutschrifft iwwer finf Euro."
„Finf Euro? Soll des en Witz soi? Schaffe Sie fascht zwee Stunn fer finf Euro?"
Un wie des Lewe so spielt, is in moinere Greeß un in moinere Farb kä Ersatzrollo vorrädisch.
„Des misse mer leider bestelle, innerhalb vun zwee Woche is des do."
Ich geh uhne e weiteres Wort. Was fer Aussichte, denk ich, wie ich des Auto ufschließ. Un des bei der Hitz in dem Summer! Was ich gelernt hab: Bei jeddere Rollo-Verpackung muscht genau hiegucke, ob se noch original verpackt is. In dem Moment, des kenne Se mer glaawe, hab ich net gewisst, dasses noch lang net ze End is.

Innere Kaufhof-Werwung hot moi Fraa des Toppset aus Aluguss endeckt. Des Set hot mer im Internet bestelle kenne. Wie ich so uf derre Seit surf, endeck ich en Vino Verde, en leichder Summerwoi aus Portugal, un bestell glei sechs Flasche mit. Die Sendung is schnell un, Sie werre des net glaawe, uhne Aalass fer Reklamatione, kumme. De Woi hot so gut gschmeckt, dass ich am neggschde Dag glei noch emol 18 Flasche bestellt hab. Zwee Dag speter, mer sin grad außem Gaade häämkumme, finn ich im Briefkaschde die Benoochrischdischung vun de Poscht. Ich zeig am neggschde Moien uf

de Poscht moin Ausweis, unnerschreib un nemm des Paket in Empfang. Grad wie ich schunn im Gehe bin, endeck ich de Ufklewer, „Achtung! Diese Sendung besteht aus zwei Paketen!" Ich froog die Fraa vun de Poscht, die schiddelt de Kopp. S wer nur ää Paket kumme.
Widder dehääm hab ich des Paket kontrolliert. Vun denne bestellte 18 Flasche sin in dem Paket nur sechs. Umgehend ruf ich beim Kaufhof aa un reklamier. Inzwische hab ich des Ganze schunn arg routiniert runnergspult. Die Fraa am Telefon hot sich alles notiert un gemäänt, sie det rescherschiere un sich dann widder melde. Ehr Auskunft am neggschde Dag hot mich verblifft. Mer hetten die Aanahm verweigert. Mer deten e Gutschrifft kriege fer des zeviel abgebuchte Geld.
„Ich will awwer de Woi", hab ich gemäänt. Des is leider net meglisch gewesst, ausverkaaft die Sort. Eigentlich gschieht mer des jo grad Recht, denk ich, was bestell ich aa Woi im Internet.

Seit mer unsern Gaade in Leistadt hawwe, les ich mit wachsender Begeischderung Gaadezeidunge. Die Zeidung „Gärtnern leicht gemacht" is Klasse, weil die alles so aaschaulisch beschreiwe un weil's in jedem Heft e Extraheft middem Titel „Gartenseminar" gebt, des is in de Midde oigeheft. Un des Thema vum September-Heft is des Schneide vun Bääm. Un weil mich des intressiert, hab ich mer am Samsdagmorge des Heft besorgt. Widder dehääm mach ich mer's unner de Pergola gemietlich un blätter des Heft dorch. Nooch de Seit 34 is die Seit 51 kumme. Wu is des Extraheft? Ich kann's net glaawe. Kannscht der net emol e Gaadeheftsche kaafe, uhne dass de reklamiere muscht? Ich zum Schreibwaregschäft, erklär derre Fraa ganz freindlich des Problem, weil inzwische wääß ich, dass die effektivscht Art ze Reklamiere is, dass mer iwwerfreindlich is. Die Fraa vum Schreibwaregschäft dauscht mer des Gaadeheftsche um. Noch im Gschäft vergewisser ich mich, dass des Extraheft aach werklich drin is. Wu sollen des noch hiefiehre? Soll ich in Zukunft jedi Gaadezeidung, die ich mer kaafe will, vun vorne bis hinne dorchbleddere, sorgfäldisch druf achte, dass kä Seit fehlt? Un wann ich mer e Buch kaafe will, so en dicker Schinke vun achthunnert Seite? Am beschde isses, denk ich, wie ich widder dehääm bin, du kaafscht gar nix.

Awwer glaawe Sie, dasses jemand gebt, der äfach nix mehr kaaft? Letschden Samsdag hawwe mer uns en Kiehlschrank gekaaft. Sozusage en Zwettkiehlschrank, wie mer en Zwettwagge hot. Fer de Keller. Do kennte mer de Woi vorkiehle im Summer. Des wer doch prakdisch, hawwe mer gedenkt. Mer bugsiere de neie Kiehlschrank in de Keller un schließe en aa. Des Lischdel im Kiehlschrank brennt, also is Saft druf. Ich leg en Thermometer in de Kiehlschrank. Am neggschde Moie kontrollier ich de Kiehlschrank im Keller. Der zeigt zwanzisch Grad aa, plus, versteht sich. Ich les die Bedienungsaaleidung vun vorne nooch hinne dorch. Dodevun fangt de Kiehlschrank awwer net aa ze kiehle. „Dann misse mer halt am Mondag reklamiere“, sagt moi Fraa.
Reklamiere. Alläa des Wort leest bei mer Brechreiz aus. Ich denk nooch. Des Verlängerungskawel odder die Steckdos. Mehr fallt mer net oi. Ich schließ de neie Kiehlschrank an e anneri Steckdos middem annere Kawel aa. Sie werre des net glaawe, unser neier Kiehlschrank kiehlt jetzt. Drei Grad bei greschder Kiehlstuf, perfekt. Vun moim Schwooger, en gelernter Elektriker, erfahr ich, dass des schunn en Defekt in de Steckdos odder im Verlängerungskawel soi kennt, dass do vielleicht die Spannung irgendwie net stimmt. Ich versteh des jo net, weil doch im Kiehlschrank des Lischdel gebrennt hot.

Geschdern hot de September aagfange, s Wetter is merklisch kiehler worre, nachts geht des Thermometer

schunn mol uf unner zeh Grad runner. Un owends im Freie sitze, des is nimmi so gemietlich. Nadierlisch hab ich mich uf die Werwung gsterzt, en Terrasseheizstrahler fer sage un schreiwe 29,95 Euro. Um neine machen die do uf, ich hab schunn vor de Deer gstanne. Den Strahler hab ich glei gfunne. Drei Stapel mit Terrasseheizstrahler. Ich hab moi Strategie geännert. Sunscht nemm ich nie des erschde Paket. Ich nemm immer was vun unne raus. Des Mol hab ich de erschde Heizstrahler vum erschde Stapel genumme. Dehääm hab ich des Gerät ausgepackt, zammemontiert und oigschalte. Net dass Sie jetzt denke, ich wollt Ihne weismache, der Terrasseheizer het gekiehlt. Der Heizstrahler hot schlicht un äfach net geheizt. Ich hab die Steckdos gewechselt, uhne Erfolg. Ich hab vermut, dasses middem Oischalter zammehängt, der hot sich so leicht un uhne Widderstand bewege losse. Do is nix oigerascht, do hot nix geknackt.
„Ich hab kä Nerve mehr zum Reklamiere", sag ich zu moinere Fraa.
„Kä Problem, dann mach ich des."
Sie kenne sich net vorstelle, wie dankbar ich moiner Fraa gewesst bin. Wie se zerickkummt, sagt se:
„Ich hab vum allerletschde Stapel was genumme."
Mer packe de Terrassestrahler aus, midde Mondasch hawwe mer jo schunn Erfahrung. Dann de Stecker in die Steckdos. Wie ich den Schalter dreh, wääß ich glei, der Strahler funktioniert. Weil beim Drehe knackt de Schalter bei jedere Heizstuf. Un werklisch, der Terrasseheizstrahler heizt, uf de Stuf ääns mit 650 Watt eher zerickhaltend, uf de Stuf zwee mit 1300 Watt so rischdisch mit Karacho. Fer die kältere Dage simmer gewappnet.

Zum Glick sin heit unser Ferie rum un mer hawwe nimmi so viel Zeit zum Oikaafe. Ich denk, dann werd sich aa des mit denne Reklamatione legge. Bevor ich's vergess: Vum Baumarkt hawwe die aagerufe. Des Rollo is do. Vier Woche hawwe mer in unserem Esszimmer gschwitzt. Un jetzt, wu die Hitz rum is, kummt des reklamierte Rollo. Des basst!

„Wannde die Gschicht vorlese duscht", sagt moi Fraa, „des glaabt der kän Mensch."

Wasserleische

„S is was Schlimmes bassiert!"
Ich lad die Wasserkannischder außem Auto, moi Lieblingsbschäfdischung in dem Johrhunnertsummer. Beim Schreiwe stutz ich. Johrhunnertsummer? Hääßt des werklisch so? Ich ruf bei moinere Mudder aa. Die is mundartmäsisch die letscht Instanz.
„Eijoo, des hääßt so", kummt die Antwort, net wie manchmool, wann's hääßt: „Also frieher, do hot's so ghääße, awwer heit sagt mer aach so."
Moi Fraa is schunn owwe an de Hitt. Ehr Stimm is annerscht als wie ieblisch.
„Was werklisch Schlimmes!"
Sie brauche kä Angscht ze hawwe, die Iwwerschrifft heert sich reißerisch aa, awwer s is alles halb so wild. Es erwart Sie kän blutrinschdischer Thriller.
„Ich hab des letschde Mool vergesse, des Wasserfass zuzemache", ruft moi Fraa owwe vun de Hitt.
„Des is doch net schlimm", sagt ich un setz de 20-Liter-Kannischder ab un verschnauf.
„Doch", ruft moi Fraa. „Im Wasser schwimme dode Diere."
„Fer die Abdeckung bischt awwer du verantwortlich", ruf ich vun unne hoch. Des is so moi Art. Wann's e Problem gebt, such ich immer en Schuldische. Ich bin so was wie en Schuldverdääler.
Ich denk an unsern Mitbewohner. Am Gebortsdag vun moinere Fraa Aafang Auguscht hawwe mer de Mitbewohner zum erschde Mool endeckt. Es is de letschde Dag seit langem gewesst, wu's geräänt hot un alle Gäschde hawwe sich unnerm Partyzelt, des mer extra wegem Rege gekaaft hawwe, zammegedrickt. Unser Holzhitt, des misse Se wisse, steht uffem Betonfundament, dann leihen do so Balke, sechs mol sechs Zentimeter, un uf denne steht dann die Hitt. Unner der Hitt is also en klänner Hohlraum. Un wie's dunkel worre is, so zwanzisch Minudde nooch nein, ruft die Beate

pletzlisch: „Do is jo e Dier." In dem Moment is des Diersche awwer schunn widder verschwunne gewesst. „Wie hotten des Diersche ausgsehe?" Ich wääß nimmi, wer gfroogt hot. Die Beate iwwerlegt en Moment un sagt dann: „Wie en Dachs, nur viel klänner. En junger Dachs."

Dann hab ich des Diersche gsehe. Irgendwie hot die Beate schunn recht ghabt. Ich hab noch kän Dachs in Werklichkeit gsehe, awwer so stell ich mer en Dachs vor. Bloß die Greeß hot absolut net gstimmt. Aach en junger Dachs is greeßer. Newer de Hitt steht de Abfall vum Esse. Unner annerem die Schale vun de Melon, s hot Melon mit Schinke gewwe als Vorspeis. Seeleruhisch hockt unser Unnermieder vor denne Schale, losst sich vun denne viele Leit net beoidrucke, guckt mer, so hab ich des Gfiehl, e paar Sekunne genau in die Aage, dann schnappt er sich e Meloneschal un verschwind unner de Hitt. Am neggschde Moie finn ich mehrere Meloneschalestickscher, seiwerlisch abgenagt. In unserm Bestimmungsbuch suche moi Fraa un ich lang nooch unserm Unnermieder. Zeerscht kenne mer uns zwische zwee Diere net enscheide, zwische em Gaadeschläfer unnem Siwweschläfer. Ausgsehe hot er mehr wie en Gaadeschläfer, zemindescht noochem Foto, awwer vun de Beschreiwung hot's besser uffen Siwweschläfer gebasst. Weil de Siwweschläfer issen Vegetarier.

Vun Okdower bis in de Mai noi halt de Siwweschläfer Winterschloof. E ganz schää langi Zeit.

Jeden Owend seit dem Gebortsdag vun moinere Fraa hawwe mer de Siwweschläfer beobachte kenne. Vorausgesetzt mer hawwe in unserm Gaade in Leistadt iwwernacht. Mer hot die Uhr denooch stelle kenne. Jeden Owend korz nooch neine isser unner de Hitt vorkumme un hot geguckt, was mer em hiegeleggt hawwe. Mirabelle, die schmecke ihm werklisch. So zwee, drei butzt er an ääm Owend weg. Trauwe, Abbelstigger, Persching, Nektarine, er is kän Koschtveräschter.

Annem Mangokern hotter ää Mool wie verrickt rumgenagt.
Des alles is mer dorch de Kopp gange, wie ich de Wasserkannischder die Trepp hochgewucht hab. Immer langsamer bin ich worre, je neeher ich dem Wasserfass kumme bin. S soll net de Siwweschäfer soi in dem Wasserfass! Dann hab ich mich getraut un en Blick riskiert. Mer hot net viel gsehe.
„Ich glaab, des sin drei Diere, die do rumschwimme", sag ich zu moinere Fraa.
„Ich mach mer so was vun Vorwerf", kummt die Antwort.
Dann hab ich de Reche genumme und vorsischdisch ääns noochem annere die Wasserleische außem Wasserfass gfischt. Moi Angscht is e bissel klänner worre, wie Siwweschläfer hawwe die Leische net uubedingt ausgsehe.
„Ich glaab, des sin Ratte", sag ich, „awwer hunnertprozendisch sicher bin ich net."
Zwee vun denne Wasserleische sin klänner gewesst.
„Beschtimmt zwee Kinner un die Mudder. Warum hab ich nur vergesse, des Wasserfass zuzedecke?"
Moi Fraa hot sich net beruhische kenne. Ich guck mer die Leische genauer aa. Also werklisch, wie unsern Siwweschläfer sehe die net aus. Der Schwanz is lang un dinn, net so ufgebauscht wie bei unserm Unnermieder.
„Des kann awwer am Wasser ligge", määnt moi Fraa.
„Der Schwanz is vum Wasser zammegeklatscht."
Die Fieß hawwe so komisch ausgsehe. So e Haltung, wie wann die Dierscher bis zeletscht gepaddelt hetten.
Moi Fraa hot des aa gemerkt.
„Bestimmt sin die zwee Rattekinner noigfalle un die Mudder hot versucht, se ze rette. Wie lang die wohl um ehr Lewe gschwumme sin?"
Des hab ich aa net gewisst.
Ich hab die drei Wasserleische in Reih un Glied newerenanner geleggt, moin Fotoapparat ausgepackt und die Leische middem Macroobjektiv ganz nooh raagezoomt.

Dann hab ich e Loch gegrawe zwischem Rittersporn unnem Hibuskus un hab unser Leische noigeleggt. Dann hab ich des Grab zugschmisse un en Tannezabbe als Grabstää owwe druf gsteckt.
„Jetzt hawwe unser Wasserleische wenigschdens e aastennischi Beerdischung gekriggt", hab ich gsaat.
Dann hot moi Fraa unser Zucchini un Melone un Kierbis middem Leischewasser gegosse. Bis zum Owend hawwe mer nimmi an unser Wasserleische gedenkt. Sie kenne des, vor lauter Ärwet kummt mer net zum Noochdenke. Ich hab unser Hitt ferdisch gstriche. Moi Fraa hot uf de Terrass vor de Hitt zwee Worzle ausgegrawe un Trittstää geleggt, dass mer besser die Verriggelung vum Fenschder wegmache kann. Dann isses langsam dunkel worre. Unser Gespräche sin schleppender worre, schließlich hawwe mer uns ruhisch gegeiwwer gsotze.
„An was denkschden?", froogt moi Fraa.
„An nix", sag ich un denk, dass hoffentlich unser Unnermieder kummt.
Moi Fraa hot Mirabelle hiegeleggt.E paar Minudde frieher als wie gewehnlisch isser dann kumme.
„Vielleicht werd's langsam frieher dunkel", sag ich.
Blitzschnell hot sich unser Siwweschläfer e Mirabell geschnabbt un is widder unner de Hitt verschwunne.
Ää Minut speter rennt der Siwwerschläfer an die Hitt entlang, flitzt die Pergola hoch un verschwind unnerm Dach. Sekunne speter kummt der Siwwerschläfer jetzt widder unner de Hitt vor un schnabbt sich die neggscht Mirabell.
„Du, ich glaab, mer hawwe zwee Unnermieder", sagt moi Fraa.

Piepschau

Ich hab iwwerlegt, ob ich net besser en annerer Titel nemme sollt, awwer ich denk halt, der dut so gut basse. Sie ligge falsch, wann Sie määne, es det sich um en erotische Text hanneln. Mer sin aach net plem-plem. Unser Dach is zwar grad nei gedeckt, awwer mer hawwe kän Dachschade. Bei uns piepst's werklisch. Alle paar Minudde. E lautes, dorchdringendes Piepse. Un mer wisse net, wuher des kummt. Ich hab alles dorchgecheckt, awwer ich kumm net druf.

Der MP3-Player mit denne 512 Megabeit isses net un die Digidalkamera mit de Compact Flash Card aa net. De Radiowecker im Gäschdezimmer, de Weltempfänger digidal, de CD-Player middem Radiodääl, de Schachcomputer im Wohnzimmer, des Daschedikdiergerät, des Handy vun moinere Fraa, moi eigenes Handy, des alde Handy, des mer als Dritt-Handy nutze, moin Laptop, die Stereoaalag im Arweitszimmer, de alde Computer uffem Speicher, die klää Mussikaalag im Schloofzimmer, alles dorchgecheckt, alles ausgschlosse.

Wann ich im Schloofzimmer steh, mään ich, es piepst im Flur. Im Flur denk ich, des Piepse kummt außem Arweitszimmer, bin ich im Bad, glaab ich des Piepse kummt vum Wohnzimmer. Odder aus de Kisch. Die Telefonaalag, die musses soi, hab ich gedenkt. Vun der muss des Piepse kumme. Ich hock mich genau newer die Aalag, wart ab, bis des Piepse widder kummt. Awwer s piepst un piepst net. Die Zeit is schunn lengscht rum. Wie's dann endlich doch piepst, kummt moi Fraa grad außem Badezimmer un ich bin mer net sicher, vun wu genau s do grad gepiepst hot. Also zieh ich de Stecker aus de Buchs. Jetzt derf's nimmi Piepse, wann des Telefon die Ursach vun dem Piepse is.

Awwer nooch vier odder finf Minudde piepst's widder. Ich kann mich uf nix mehr konzentriere. Ich denk nur noch an des Piepse. Ich guck uugeduldisch uf die Uhr, weil ich des Gefiehl hab, jetzt misst's piepse, awwer s piepst net. Ich kann net oischloofe, weil ich uf des Piepse wart. Ich wer midde in de Nacht wach, weil mer des Piepse fehlt. Des Piepse macht mich verrickt. Kenne Sie sich des vorstelle? En Ton, der wu jedi Minut ausfillt, en Ton, der alles beherrscht, der Sie nimmi loslosst. Ich het mer nie vorstelle kenne, dass so en Ton, en klänner Bruchdääl vunnere Sekund nur, so e Bedeitung gewinnt.

Ich kennt an derre Stell jetzt äfach ufheere. Ich kennt de Schluss offe losse. Ich kennt's mer äfach mache un des alles noch unner dem Stichwort literarisch aaspruchsvoll verkaafe. Sie dete bedeidungsschwer middem Kopp nicke un dehääm sage, ich het jo zu gern gewisst, wuher des Piepse kumme is. Awwer kä Angscht, ich loss Sie net im Rege stehe.

Ich tiger dorch's Haus, unnersuch alles, kann mich nimmi ruhisch vor de Fernseher hocke, rutsch beim Esse vun ääner Pobacke uf die anner, immer des Piepse im Ohr. Un finn net die Ursach. Dann am schääne Dag steht ich im Flur im erschde Stock und pletzlich fallt mer's wie Schubbe vun de Aage. Ich hab ään Verdacht. Jetzt sin Se gespannt, stimmt's? Sie misse noch waade, bis ich die Kischelääder außen Schopp gholt hab. Ich krawwel die Läader hoch, und noch bevor ich des Piepsding aageriehrt hab, wääß ich, des isses. Uhne Zweifel. S hängt owwe an de Deck. Es is, wann alles normal laaft, ganz ruhisch. Es gebt dann kän äänzischer Ton vun sich. Dämmert Ihne schunn was? Hawwe Sie jetzt aach en Verdacht? Ich will Sie net länger uf die Folter spanne. Es is unser Raachmelder owwe an de

Deck. Die Batterie is ball leer, desdewesche des Piepse! Ich dausch die Batterie aus. Un Sie werre des net glaawe, seit dem Aageblick is des Piepse verschwunne. Un dodebei hab ich mich schunn so dra gewehnt.

Voll im Bild

Die groß Freiheit. Die groß Auswahl. Hunnert Kanäl. Un ich bin debei. Mit moinere Fernbedienung. Vun ääm Kanal zum annere. Vun derre Talkshow, wu se grad uffnanner losgehe, weil ääner soi Verflosseni als frigide tituliert hot, zu dem Gruselschocker, wu e Fraa innere Diefgarasch vunnem Maskierte middem Messer in de Hand verfolgt werd. Grad wu des Messer dem Hals vun derre Fraa immer neeher kummt, zapp ich weiter. E Spiel aus de Regionalliga Sied uf DSF. Die Name vun denne zwee Mannschafte sage mer nix. S Spiel wer krotteschlecht, määnt de Sprecher, awwer vielleicht det's in de zwette Halbzeit besser werre. So lang will ich net waarte. Uf ää Mool mään ich die Nochberin im Fernsehe ze sehe. Die vun gegeiwwer. Die im Fernsehe? Des gebt's net. Ich muss mich deische. Ich zapp weiter. Uffem französische Sender ermittelt de Inspektor Derrick. Dem soi Stimm basst net zum Tappert. Ich schalt zerick. RNF live, die berichte aus de Region. Die Kamera schwenkt vum gut besuchte Zuschauerraum uf die Biehn. Sechs Männer danze ganz langsam, schmiege sich im Takt vun de Schmusemussik. Die Männer bewege sich geschmeidisch, ehr Kerwer glänze, wie wann se mit Ehl oigeriwwe wern. Un was fer Kerwer die hawwe! Un so gut wie nix aa. Nur en winzischer Schlip. Ääner macht drei Schritt vor. En fetter Spot werd uffen gericht. Der Kerl greift sich zwische die Bää, zuckt vorwerts, zuckt rickwerts. Wie de Meikel Jackson in soine beschde Zeide. Des Publikum dobt. Dann packt der Kerl mit spitze Finger soin Schlip aa. Des Publikum rast. Die Schmusemussik heert mer iwwerhaupt nimmi. Die geht im Gekrisch unner. Ganz langsam , wie in Zeitlupe, zieht der Kerl den Schlip runner. Des Publikum flippt aus. Endlich isser unne. Awwer unner dem winzische Schlip versteggelt sich noch en viel kläänerer Schlip, en Tangaschlip. Ich muss schunn genau hiegucke, um den fadescheinische Schlip ze sehe.

Die Kamera schwenkt vum dem Schlip zu dem Transparent, des iwwer de Biehn hengt, Wet Dream Boys steht do druff. Dann kummt en langer Schwenk ins Publikum. Mer fallt uf, dass nur Fraue im Saal sinn. Middegrin mään ich widder die Nochberin ze endecke, awwer ich bin mer net sicher. Wann ich die vielleicht vun neher sehe det. Wie wann der Kameramann moi Gedanke lese kennt, fangt er aa ze zoome, die Kepp werre greeßer un greeßer. Immer wenischer Leit sin uffem Bildschirm. Dodevor sin die wenische viel greeßer. De Kameramann zoomt un zoomt, der is innem rischdische Zoomrausch. Mer sieht die Leit viel deitlicher. Des kennt schunn die Nochberin soi. Doch, die sieht der werklisch ähnlisch. Wannse s net is, dann hottse e perfekti Doppelgängerin. Do gebt's kän Zweifel. Riesegroß, ganz allää, midde uffem Bildschirm, voll im Bild, moi Nochberin vun gegeiwwer, moi Nochberin im Fernsehe, im RNF Live. Un wie se lacht. Un ehr Lippe gehn uf. Mer heert net was se sagt, der ganze Saal doobt, awwer an de Lippe kann ich's ablese, ganz deitlich. Moi Nochberin vun gegeiwwer, die immer mit de Loggewickler un de Zigarett im Fenschder leit. Moi Nochberin im Fernsehe bei de Wet Dream Boys im Rosegaade. Moi Nochberin, die sich ufregt, weil ich samsdags die Strooß net kehr.

Pocco carne

Zwee Dag vor Woihnachde hab ich en Film gsehe, wu klänne Saischer kaschtriert worre sin. Moi Choleschderinwerte im Hinnerkopp hab ich beschlosse: ab heit kä Flääsch mehr. Moi Fraa hot afangs gezegert, awwer nooch de Feierdage hot se mitgezoge.

An Pingschde simmer in Urlaub gfahre, mol widder noch Borgo Robinie im Piemont. Des is do, wu's kä Speisekart gebt, vielleicht erinnern Sie sich. Obwohl mer schunn zum dritte Mol do hiegfahre sin, hawwe mer uns am End widder verfahre, weil ich im Internet e Abkerzung rausgsucht hab, die hot awwer net funktioniert. Am Sunndagnoochmiddag um halwer sechse kumme mer aa. Die Chefin, die Lina, is net do. En Mann begrießt uns, den mer net kenne un der sich als Pepe un als Mann vun de Lina vorstellt. Mer wisse net, dasses en Mann gebt, awwer speter stellt sich raus, dass die Lina sich mit ehrm getrennte Mann versehnt hot. Die Lina wer uf de Firmung vun ehrm Neffe, sagt de Pepe. Awwer des Esse wer vorbereit. Wann mer esse wollte?
„Um halwer achte", sagt moi Fraa, weil ich net italienisch kann. Ich stump se middem Elleboge dezent in die Seit.
„Mer esse kä Flääsch", iwwersetzt moi Fraa.
„Va bene", sagt de Pepe, "pocco carne."
„Alles in Ordnung", iwwersetzt moi Fraa, „kä Probleme, nur e klää bissel Flääsch".
Des geht jo uukomplizierter als wie ich gedenkt hab, denk ich fer mich.

Mer ruhe uns e bissel aus, un schunn isses halwer achte. Die obligadorisch Flasch Rotwoi, wie immer die Hausmark, un e Flasch Wasser. Mer frääe uns uf des Esse, vegedarisch mit e klää bissel Flääsch. E klännes bissel,

des kann mer jo liggelosse, des fallt net uf,
denk ich fer mich.
De erscht Gang kummt. En kalter Kalbsbroote mit
äänere weiße Soß.
„Un jetzt?“, froog ich moi Fraa.
„Stehe losse odder esse“, krieg ich als Antwort.
„Wammer des stehe losse, des sieht uuheflisch aus“,
sag ich. „Mer brauche jo net rumzezicke. Un verbohrt
un fundamentalisdisch wolle mer jo aa net soi.“
Also beschließe mer, kä Schau abzeziehe un die Vorspeis
äfach ze esse. Die weiß Soß schmeckt leicht noch Fisch,
uugewohnt, aber rischdisch lecker. Schunn kummt de
zwette Gang, Ravioli mit, Sie derfe roote, äänere
Flääschfillung. Des Mol diskudiere mer net groß, mer
esse glei. Beim Hauptgang kenne mer uns enscheide,
Hinkel odder Kannickel, mer nemme des Kannickel.
"Va bene, pocco carne."
Kä Problem, nur e bissel Flääsch, die Worte vum Pepe
klinge noch in moine Ohre. Beim neggschde Gang
kenne mer nix falsch mache. S gebt Kees. Un aa bei de
Noochspeis hawwe mer kä Probeme, Panna Cotta mit
frische Erdbeere. Inzwische simmer am End. Mer schlirfe
grad vun dem gude Grappa un de Pepe packt des
Hinkelflääsch un die Knoche vum Kannickel fer unsern
Hund oi.

Sinneschuld

Wie soll ich des erkläre? Sinneschuld is, wammer beim Autofahre telefoniert un des Handy als Stroof dann vom Bodde verschluckt werd. Ihne is die Erklärung uuverständlich? Zu konschtruiert? Dann heeren Se sich mol aa, was ich ään Dag vor Woihnachde erlebt habt. Moi Fraa versprecht unsere Dochder, se owends abzehole. Wie's so weit is, sagt moi Fraa: „Kannscht du des net iwwernemme? Ich bin so ferdisch."
Un wie ich so bin, opfer ich mich. Wann ich in dem Moment gewisst het, was do alles uf mich zukummt!

Korz vor achte fahr ich los. Unnerwegs klingelt des Handy. Des kummt selte vor, dass moi Handy beim Autofahre klingelt. Ich geh dra, ich wääß, beim Autofahre sollt mer's net. Un wann ich annere Autofahrer beim Telefoniere seh, reg ich mich uf. Awwer sin Se ehrlich, was mache Sie, wann's bei Ihne im Auto klingelt? Unser Dochder det net unne uf de Strooß stehe, sagt moi Fraa. Sie het so viel Geschenke, do misst se zwee Mool laafe, un die viele Treppe. Ich sollt doch äfach parke und klingle. Als ob's in de Strooß, wu unser Dochder wohnt, äfach wer, en Parkplatz ze finne! Schunn wie ich oibieg, seh ich, des sieht mau aus middem Parke. Also such ich gar net erscht lang rum un stell des Auto in die Oifahrt direkt vors Haus. Ich wääß, Parkverbot. Ich wääß, Sinneschuld. Ich steig mit Schwung aus und hab schunn lengscht vergesse, dass ich moi Handy uffem Schoß zwischegelagert hab. Ich heer's knalle, hoffentlich is nix abgebroche, denk ich noch, un ärger mich, dass ich net ufgebasst hab. Im Unnerbewusstsoi heer ich, dass des Klacke weitergeht. Wann des Handy vum Sitz uf die Strooß fallt, dann klackt's zwee, drei, heggschdens vier Mool. Awwer's klackt äfach weiter. Noch was is mer ufgefalle:
Des Klacke hot sich immer enfernter aagheert. Moi Handy, hot's mich dorchzuckt. Vom Bodde verschluckt.

Ich hab an de Deer geklingelt un mit Grabesstimm verkind: „Moi Handy is fort!"
„Kumm doch erschtmol ruf", hot mer die Gegesprechaalag geantwort.

Wu ich die Treppe hoch bin, kann ich mich net beherrsche un tret midde Fußspitz gege die Stufe, vor Wut. Moi Dochder wollt mich begrieße, schließlich hawwe mer uns fascht zwee Woche net gsehe. Ich loss se äfach stehe un zieh moi „Alle-annere-sin-schuld-Schau" ab.
Wann doi Mudder net bloß versproche het, dich abzehole.
Wann du, wie verabred, unne an de Deer gstanne hetscht.
Wann doi Mudder mich net aagerufe het.
Wie ich ämol Luft hab hole misse, sagt moi Dochder: „Wannde fertisch bischt, gehn mer jetzt mol nunner un gucke uns des alles in Ruh aa."
Nadierlisch hot se kä Daschelamp im Haushalt. Un der Schrauwezieher, den se aaschleppt, um de Gullydeckel ufzehewwle, der sieht schwindsischdisch aus. Mer gehe die Trepp nunner un moi Dochder sagt: „Irgendwie gschieht's jo grad der recht, dass des Handy fort is.
Wu du net emol die SMS als gelese hoscht, die ich der gschriwwe hab."
Merke Se was? Mer sin widder bei unserm Thema.
„Wannde ehrlisch bischt, du brauchst doch iwwerhaupt kä Handy."

De Schrauwezieher brecht beim allererschde Versuch ab. De Regalwinkel, den ich im Bad gfunne hab, verbiegt sich wie Budder. Erscht middem Werkzeig außem Auto kriege mer mit vereinte Kräfte de Deckel uf. Außer em schwarze Loch hot mer nix gsehe. Seit dem Owend hab ich e ganz konkreti Vorstellung vun denne schwarze Lescher, aus denne unser Universum enstanne is.

„Ich schenk moim Bruder zu Woihnachde e Daschelamp“, sagt moi Dochder. „Die is awwer schunn verpackt.“
Also wern alle Dasche dorchsucht, die Lamp finne mer awwer net. Un middem Feierzeig seht mer net emol de Aafang vun dem schwarze Loch.
„Mer brauche irgendään Stegge“, sag ich un moi Dochder bringt de Schrubber. Ich steck den Schrubberstiel in des schwarze Loch un der Stiel geht hegschdens en halwer Meter noi. Ich krigg widder Hoffnung, zieh moi Jack aus, leg mich ufs Trottoir un steck dodesmudisch moin Arm in des schwarze Loch.
„Bass uf, dass dich net so e Kanalratt aaknabbert“, frotzelt moi Dochder.
Des is awwer net des Problem. Sie misse wisse, moi Ärm sin eher korz. Des is echt e Problem, wammer dodemit des End vunnem schwarze Loch ertaschde will. Ich bin äfach net bis ans End kumme. Ich zieh de Arm widder raus, er riecht jetzt nimmi so gut un is e bissel verschmeert. Ich stocher middem Schrubber in dem schwarze Loch rum un merk, dasses nooch dem erschde halwe Meter, wu ich en Widderstand spier, en Linksknick gebt un do is des Loch dann weitergange. Moi Hoffnung rutscht dorch des schwarze Loch vum Kanal, ganz langsam, Zentimeter fer Zentimeter, un laaft unne in die stinkisch Kanalbrieh, die ich mer do vorstell.
„Ich ruf doi Handy mol aa“, sagt moi Dochder.
Sie losst's klingle un klingle. Dann erklert e freindlischi Frauestimm, dass der Teilnehmer im Moment net erreichbar wer. Kä Netz, denk ich.
„Des Handy leiht im Abwasser“, sagt moi Dochder. „Do kenne nur die Ratte draa gehe un die kenne doi PIN net. Des hot aa soi Gudes, do brauchscht die SIM-Kart net sperre ze losse.“

Ich hab mich innerlich vun moim Handy verabschied. So schwer is mer des net gfalle. Do hot moi Dochder schunn recht. Moi Handy un ich, so e intensivi, so e diefi un warmherzischi Beziehung hawwe mer nie ghabt. Nur um des integrierte Radio dut's mer lääd. Do hab ich jeden Samsdag die Bundesliga gheert un bin dann immer uffem neischde Stand, was de FCK aageht. Vum Handy vun moinere Dochder ruf ich dehääm aa. Moi Fraa sagt glei, ich sollt mich net ufrege, des wer alles net so schlimm, ich sollt's mit Humor trage. Un ich kennt jo e Gschicht draus mache. Wu ich des heer, geht's mer glei besser un mer fallt spontan des mit derre Sinneschuld oi. Un während ich noch mit moinere Fraa am Telefon red, nemmt der Text mit de Sinneschuld Gstalt aa un wachst in moim Kopp.

Unsern Sohn is do speter skeptischer.
„Uf Dauer is doi Arweitsweis ganz schää ufwändisch. Annere Autore hole sich ehr Inspiratione uf geisdischi Art. Du kannscht doch aach net jedes Mool en Mensch umbringe, wannde en Krimi schreiwe willscht."

De letschde Schnookestich

De letschde vun moine Schnookestich vun de Hazienda Belvedere in denne Berge in de Neh vun Caschdelfranco di Sobra verhääle jetzt endlich, verschwinne vun moim Kerwer wie die letschde Bilder im Abspann vunnem Film vun de Leiwand verschwinnen.

Ich hock dehääm in Feidene in moim Arweitszimmer. Drauße isses newwelisch. De Summer is rum, de Herbscht kloppt an die Deer. Ich bin weit weg vun dem riesische Gaade middem schääne Blick nunner ins Dal, weit weg vun dem Licht in de Toskana, wu die Landschaft sich verännert mit dem Licht, wu nix gleich bleibt iwwer de Dag.

Ich kleb die Bilder ins Fotoalbum, seh vor mer de Sunneunnergang, de Skorpion im Tubberschälsche, den unser Dochder im Handduch im Bad gfunne hot. Ich erleb noch emol die Zugfahrt nooch Florenz, seh die viele Tourischde, steh in de Schlang vorm Dom. Der Ausflug ins Chianti-Gebiet fallt mer oi. Un immer widder der Blick nunner ins Dal, der Blick friehmoiens, wann die Landschaft noch ganz zart vor ehm leit, der Blick middags, wann die Luft flimmert, der Blick am Noochmiddag, wann s pletzlich klarer werd, der Blick am Owend, wu die Farwe viel farwischer sin, un sogar der Blick midde in de Nacht, geknipst middem Stativ, e langi Verschlusszeit, uuzehlische Lichtscher, e rischdisches Lichtermeer.

Die Schnooke hawwe gstoche wie wild, wann die Sunn unnergange, wann's langsam dunkel worre is. Am liebschde hawwe se in de Nacht gstoche. Winzische Schnooke, mer hot se kaum gsehe, awwer wie die gstoche hawwe. Des ääne Bild, des vun unserem Picknick in Gaiole, des kleb ich net oi. Des is net ganz scharf un aa e bissel dunkel. Ich fahr iwwer moi Schnookestich

am Knechel. Ganz liebevoll fahr ich mit de Fingerspitze driwwer. Die Stich jucke schunn fascht gar nimmi.
In e paar Dag sin se ganz verschwunne.

Alla, dann, ehr Schnookestich!

Blitzeblooer Himmel

En Laschtwagge fahrt uf äänere Landstrooß. Es is en wunnerschänner Dag mit blooem Himmel und viel Sunn. Ich guck mer den Laschtwagge aa, die Sunn, de Himmel. Der Laschtwagge fahrt uf äänere Strooß in Kalifornie, weit weg vun moim Fernseher in Mannem.

Der Laschtwagge interessiert mich eigentlich net, awwer der blooe Himmel un die hell Sunn, die gfalle mer.
Es is de erscht blooe Himmel, den ich seit Woche seh.
Es is de erscht Sunneschoi seit viele Dage.

Wann ich zum Fenschder nausguck, seh ich grooer Himmel. Seh ich Newwel. Seh ich Rege. Nieselrege. Dauerrege. Binnfäderege. Schneerege. Rege in alle Variatione. Kä Sticksche Bloo am Himmel. Kän Sunnestrahl. Alles groo in groo.

Ich hab gar net gewisst, wie arg der blitzeblooe Himmel un die Sunn mer gfehlt hawwe in de letschde Woche.

Schneeflogge

Schneeflogge danze an de Fenschderscheiwe. S schneit, wasses des Zeig halte dut. Dicke Flogge, e rischdisches Meer vun Flogge, en Schneefloggesturm, un mer middedrin. Dass Sie mich net falsch verstehe. Mer sin denne Schneeflogge net schutzlos ausgeliffert. Mer sitze in unsere Hitt in unserm Gaade am Sandbach in Leistadt in de Neeh vun Derkem. Unsern Gaskatalytoffe laaft uf Hochtoure. Heit Moie, wu mer kumme sin, sin in de Hitt null Grad gewesst. Jetzt sin's schunn 16,9 Grad, Tendenz steigend. Langsam werd's kuschlisch warm. Un die Schneeflogge danze un danze, awwer kän Schneewalzer, viel wilder, viel verrickter. Wann des so weitergeht, simmer bis heit Owend eigschneit. Kä Problem, dann klabbe mer des Sofa aus un machen's uns gemietlich. Wu mer kumme sin, hot die Sunn gscheint. Gut, s is schunn kalt gewesst. Nooch dem verregnete Fasnachtsumzug am Sunndag hot's am Dienschdag aagezoge und am Aschermittwoch isses rischdisch kalt worre, awwer mit so ääm Schneefloggesturm heit hot känner gereschend. Der griene Tee schmeckt gut un wärmt vun inne raus.

Wie die Schneeflogge ehrn wilde Danz vor moine Aage vollfiehre, muss ich an de Summer denke, wu die Dage so hääß gewesst sin, dass mer sich kaum in de Hitt hot ufhalte kenne. Wu des Schaukle vun de Hängematt des äänzisch Lieftel weit un breit erzeigt hot. Wu unsern Hund uhne Paus gehechelt hot, die ganz Zeit. Wu des Bier lauwarm gewesst is, aach wann mer's in die Kiehldasch gsteckt hot. Wu die Blumme und die Bääm fascht verdorscht sin. Wu mer ään Kannischder noochem annere voll mit Wasser hochgschleppt hawwe. Domols im Summer hot mer sich net verstelle kenne, dasses emol so kalt werre det. So kalt, dass mer die Deer vun unsere Hitt kä Sekund ze lang uflosse derf.

Der hääße Summer uhne Rege ist rumgange, de Herbscht is kumme un bevor mer des rischdisch

gemerkt hawwe, isses kalt worre, de Bodde is gfrore un die Veggel sin ans Voggelhaisel kumme, des mer an de Tann newerm Klohaisel ufghängt hawwe.
Frieher, als Kind, do is ehm so en Summer lang vorkumme, de Winter noch viel länger, ää Johr wie die Ewischkeit. Die Johreszeite sin quasi in Superslowmotion abgeloffe. Je elder mer werd, desto schneller vergeht die Zeit, so en Summer flitzt vorbei un eh dich umguckscht, is schunn widder Friehling. S kummt mer vor, wie wann jemand uf de Schnellvorlauf vunnem Videorekorder gedrickt het. So schnell werd Johr fer Johr abgspult. Un mer werd elder und elder.
Wammer in unserm Gaade aakumme, dreh ich immer als erschdes des Gas uf, schmeiß die Heizung aa un stell Wasser uf fer de Tee. Moi Fraa hot was ganz anneres ze due. Moi Fraa fillt des Voggelhaisel uf, hängt Meiseknedel an des Bäämsche vor de Hitt. Un während die Temperatur in de Hitt nur ganz langsam steigt, 3,5 Grad, 5,1, viel speter endlich die Zeh-Grad-Schwell iwwerspringt, kumm ich mer vor wie en Hochspringer, der ään neier Rekord noochem annere ufstellt. Moi Fraa packt de Feldstecher aus un rischden uf des Voggelhaisel. Die Meise sin eher sozial, die fresse meischt ze zwett. S is schunn vorkumme, dass vier Meise an ääm Knedel hänge. Der fette Kleiwer duld kän annere Voggel newer sich. De Buntspecht is werklisch schischdern, den sieht mer nur ganz selte. De Zaunkenisch, der im Summer innem umfunktionierte Windlicht an de Hitt gebriet hot, hab ich schunn länger nimmi gsehe. Moi Fraa määnt, des wer en Zugvoggel. Awwer do bin ich mer net sicher. Vielleicht kenne Sie sich do aus? Rotkehlscher hawwe mer aa schunn endeckt. De Eichelhäher heert moi Fraa immer, gsehe hottsen noch net. Ämol hot sich e Eichhernsche an dem Voggelhaisel brääť gemacht un die Veggel in helli Ufregeung versetzt.
Am beschde gfalle mer die Meise. Unser Meise-Vielfalt is schunn beoidruckend. Kohlmeise un Blaumeise un Tannemeise un Schwanzmeise un die goldische Hauwe-

meise. Dann hawwe mer noch Amsle un so en grauer Voggel, denn hawwe mer in unserm Bestimmungsbuch net endeckt.
Heit is nix los mit Veggel, weil die Schneeflogge so verrickt danze. Bei so äm Schneefloggesturm sin kä Veggel unnerwegs. Hoffentlich losst der Schnee bald nooch.
Klar, so im Summer in de Hängematt, des is schunn Klasse. Awwer so en Winterdag in de kuschlisch Hitt mit denne viele Veggel, des hot aa was. Do kennt ich doch glatt moi Voggelfobie vergesse, falls Sie wisse, was ich mään.
Un dann losst der Schnee nooch. Un dann sin uf äämol die Veggel widder do. Un dann spitzelt de erschde Krokus aus de Erd. Un dann blieht die Forsythie. Un dann werd de groß Sunneschirm ufgestellt. Un dann gebt's des erschde Grillfescht. Un dann werd die Hängematt ausgepackt. Un dann hääßt's widder Wasserkannischder schleppe. Un dann kann mer's in de Hitt vor lauter Hitz nimmi aushalte. Un dann fehlt uns was, es fehlt des Hechle vun unserm Hund, weil der letschden Auguscht an Altersschwäch gstorwe is. Un dann verliert die Lärch widder ehr Noodle. Un dann danze widder die Schneeflogge ehrn wilde Danz. Un dann is widder e Johr rum. Un widder ääns. Un noch ääns.
Un ball spielt's fer dich kä Roll mehr, ob's Summer is odder Winter. Un dann zeigt des Thermometer in de Hitt 23,8 Grad. Un dann määnt moi Fraa: „Ich glaab, du kannscht so langsam de Offe e Stuf klänner stelle, awwer nur ääni." Un dann endeck ich e klännes, goldisches Hauwemeisel annem Meiseknedel direkt vorrem Fenschder vun de Hitt. Un dann fallt mer uf, dass der Schneesturm werklisch noochgelosst hot, dass nur noch ganz wenisch Schneeflogge in de Luft danze, un aa nimmi so wild un verrickt.

Inhalt | **Seite**